Ruth Pfau

Leben ist anders

Ruth Pfau

Leben ist anders

Lohnt es sich? Und *wofür*?
Bilanz eines abenteuerlichen Lebens

Herausgegeben von Rudolf Walter

FREIBURG · BASEL · WIEN

3. Auflage 2014

© Verlag Herder GmbH, Freiburg im Breisgau 2014
Alle Rechte vorbehalten
www.herder.de

Satz: Barbara Herrmann, Freiburg
Herstellung: CPI books GmbH, Leck

Printed in Germany

ISBN 978-3-451-33289-0

Inhalt

1	Hat es sich gelohnt?	7
2	Jenseits des Banalen	11
3	Wirklich kein Warum?	19
4	Ruhestand, Unruhestand	33
5	Die Nachfolger	47
6	Ausgrenzung und Menschenwürde	71
7	Land auf dem Pulverfass	91
8	„Gott hat unser Land vergessen"	109
9	Leben ermöglichen	123
10	Stadt der Angst, Ort der Hoffnung	133
11	Selig, die am Frieden arbeiten	151
12	Islam, Islamismus und die Christen	169
13	Alte Wege, neue Wege	189
14	Heilig – mitten im Leben	201
15	Eine helle Traurigkeit	213
16	Große Klarheit, große Freiheit	225
17	Dunkelheit und Sinn	235
18	So einfach	243

Eine Brückenbauerin
von Mervyn Lobo 245

Dank 255

1
Hat es sich gelohnt?

Als ich am 8. März 1960 in Karachi landete, nach einem ernüchternden, endlosen Flug über Steppe und Wüste, wusste ich nicht, dass dieses Land mein Schicksal werden würde. Es sollte ein Zwischenstopp auf dem Wege nach Indien sein. Wenn ich heute nach über 53 Jahren die Bilder aus dieser Zeit vor mir sehe und auf mein Leben schaue – erkenne ich mich immer noch als die, die damals aus dem Flugzeug stieg. Dazwischen liegt ein verrücktes, ein abenteuerliches und immer wieder in Frage gestelltes Leben.

Hat sich der Einsatz gelohnt? Wofür lohnt sich der Einsatz des eigenen Lebens überhaupt? Diese Frage hätte ich in unterschiedlichen Phasen meines Lebens ganz unterschiedlich beantwortet. Da war immer genügend Grund, um das Leben aufs Spiel zu setzen: die Lust am noch nie Dagewesenen, am Ausprobieren von neuen Lebensmöglichkeiten, die Freude am Abenteuer, das glückliche Lächeln eines Patienten. Ich habe das ganze Leben genossen, intensiv genossen. Und wollte herausholen, was sich herausholen ließ, nicht nur für mich, sondern primär „für alle". Mein Leben war bunt, reich und voll. Es war nie einfach, aber schön, weil es so unterschiedlich, vielseitig, überraschend war. Überdies hatte ich Glück, immer wieder.

Ich habe mein Leben nie geplant und immer das Leben gelebt, das mich erwartet hat. Leben ist grundsätzlich Wandlung und Unsicherheit. Die Ahnung, dass hinter der nächsten Bergkette, hinter der nächsten Wegbiegung noch ein unbekanntes Land liegt, diese Lust am Abenteuer, dieses Wissen um die Offenheit, dieses Ja zum Risiko sind Bedingungen des Glücks.

Zumindest bis 1996, als wir die Lepra in den Griff bekamen, ist mein Leben recht eindeutig und geradlinig verlaufen, weil wir bis dahin ein klares Ziel vor Augen hatten. Ich kam nie auf den Gedanken, es sei nicht normal, was ich mache. So gesehen war alles ganz einfach. Ich hatte ein kindhaftes Vertrauen, dass nichts schiefgehen könnte. Und der Gedanke, dass ich aufs Ganze gesehen nicht erfolgreich sein könnte, ist mir nie gekommen. Warum hätte Er mich rufen sollen, wenn Er nicht wollte, dass ich das zu Ende bringe, wofür ich gekommen bin?

Ich gehöre zu der Generation, die nach der Erfahrung des Weltkriegs geschworen hat: So darf die Welt nicht weiterlaufen. Der Rest ergab sich von selbst und ungeplant. Ich war jung, und jung sein heißt ja: verändern wollen. Ein naiver Traum. Ob es immer mutig war, weiß ich nicht. Zum Mut gehört die volle Einsicht in die möglichen Konsequenzen.

Heute, im Alter, erwarte ich immer noch das Leben – ich erwarte andere Abenteuer, andere Herausforderungen. Wer alt ist, dem läuft die Sinnfrage schneller und unmittelbarer in die Arme: Einsamkeit, Behinderung, Krankheit, Tod. Erfahrungen, die mir teilweise noch fehlen, für die ich aber bereit bin.

Heute bin ich froh, dass ich manches nicht mehr machen muss, dass ich den Indus nicht mehr auf schwankenden Brücken überqueren oder auf weglosen Bergstrecken unterwegs sein muss, wo für jeden Fußtritt eine Nische in den Felsen eingehauen wurde und wo man nicht nach unten schauen durfte.

Aber grundsätzlich – mit dem Wissen und der Erfahrung von heute – ich wüsste auch beim Projekt der Leprabekämpfung nicht, wie man es anders hätte machen können. Ich hatte nie ein Programm, das ich „abgearbeitet" hätte. Ich habe mich immer nur an dem entlanggetastet, was gerade vorlag und anstand. Das tue ich heute noch.

Meine Überzeugung war immer: Ich bin geschickt, um die Lepra in den Griff zukriegen. Erst danach hat sich für mich die Frage gestellt: Was ist Sinn überhaupt? Man muss allerdings schon mit sehr großen Scheuklappen durch das Leben gehen, wenn man zeitlebens nur auf Effizienz, Leistung und Funktionieren aus ist und nicht sieht, dass – über den eigenen beruflichen Erfolg, über den Konsum und über die Bedürfnisbefriedigung hinaus – die Sinnfrage brennend ist. Es gibt zu viel Informationen über das, was an Problemen und Leid in der Welt ist, als dass man es übersehen könnte. Aber es ist natürlich ein Unterschied so groß wie der zwischen Himmel und Erde, ob man eine Information hat oder eine Erfahrung. Informationen kann man ausblenden. Aber keiner kann heute sagen, er hätte nichts gewusst über den wahren Zustand der Welt und des Lebens.

Lohnt es sich? Und wofür? Das sind die Fragen, die mich heute umtreiben. Simon Bolivar hat am Ende seines Lebens resigniert gesagt: „Ich habe nur das Meer gepflügt." Das trifft auf mein Leben nicht zu. Und auch im Alter habe ich Erwartungen an das Neue, Andere, Unbekannte, noch nie Erfahrene. Und vor allem: Ich habe Fragen. Viele Fragen. Und schmerzliche. Antworten habe ich nicht. Aber viele Geschichten.

Zum Beispiel die von Quayoom und Arif.

2
Jenseits des Banalen

Wenn es wenigstens noch ein besonderer Tag gewesen wäre, so wie damals in Azad Kashmir, nach dem Erdbeben. Wenn man morgens im Jeep aufwachte, war man schon darauf vorbereitet, dass etwas geschehen würde. Heute aber war ein ganz normaler Tag. Lobo sagte, Qayoom sei im Aga-Khan-Krankenhaus eingeliefert, und ob wir ihn heute gleich morgens besuchen könnten, sonst kämen wir doch nicht dazu. Er war angeschossen worden als er zum Helfen unterwegs war, in Gwadar, 16 Stunden Ambulanz-Fahrt von Karachi entfernt. Er liegt auf der Intensivstation. Schwer verletzt.

Er hat mich erkannt. Wenn er durchkommt, wird er wohl querschnittsgelähmt bleiben. Qayoom ist Lepraassistent in Baluchistan, im Südwesten Pakistans, dem Gebiet, das in diesem September 2013 von einem Erdbeben der Stärke 7,7 erschüttert worden war und das immer noch von Nachbeben bedroht ist.

Sie brachten mir eine zweite Nachricht, eine E-Mail aus Deutschland. Da stand, dass Arif, Lepraassistent aus Afghanistan, ins Leitungsteam von Lepco in Kabul aufgerückt sei. Lepco, die Abkürzung von „Leprosy Control", ist das afghanische Programm, das jetzt gut 100 Mitarbeiter beschäftigt und bisher ausschließlich von europäischen Ärzten koordiniert wurde. 1984 waren wir, mit zwei afghanischen Leprahelfern, die selber Patienten gewesen waren, von Pakistan aus „undercover" über die Grenze gegangen und hatten in Malestan ein Krankenhaus aufgemacht, die Keimzelle von Lepco ... Ich kenne Arif, er hat Ideen, kann sie durchführen, ist selbstkritisch. Er hilft enorm.

Ich werde ihm gratulieren und noch schreiben, dass ich sehr froh bin über die Entwicklung.

Überall, vom Erdbebengebiet in Baluchistan bis zum Kampfgebiet in Afghanistan, sind unsere Lepraassistenten Hoffnungsträger. Eigentlich war ich daran gewöhnt, dass es immer wieder gut ausgeht.

1960 habe ich in einer Bretterhütte in einem Slumviertel in Karachi mit dem Team die Lepraarbeit begonnen.

1962 sind wir in ein 20-Betten-Krankenhaus umgezogen, im Zentrum von Karachi, das Marie Adelaide Leprosy Centre. Unser MALC.

1965 haben wir mit der Regierung ein Nationales Leprabekämpfungsprogramm vereinbart.

1971 war das Behandlungsnetz über Pakistan geknüpft.

1980 wurde ich zum Nationalen Lepraberater der Regierung ernannt.

1982 bekamen wir den Status des Nationalen Lepraausbildungsinstitutes von Pakistan.

1984 bauten wir das Lepraprogramm in Afghanistan auf.

1996 hatten wir die Lepra im Griff.

2001 begannen wir mit der systematischen Rehabilitierung aller Leprapatienten.

2012 hatte ich meinen Nachfolger, von dem ich immer geträumt hatte. 2013 fand ich einen jungen Arzt, der verstand, worum es geht. Und schon 2012 haben wir mit CBR begonnen: *Community Based Rehabilitation,* also Arbeit für Behinderte, die bei den Menschen und ihrer Umgebung ansetzt.

Ein neues Kapitel beginnt. Worüber also beklage ich mich?

Ich habe es schon immer gesagt: Ich vertreibe mir meine Zeit mit Lepraarbeit in Pakistan. Eigentlich, eigentlich warte ich auf Seine Wiederkunft. Ob andere es verstehen oder nicht. Ich verstehe es ja auch nicht. Da gibt es einen Psalm. Und da steht: „... was ist der Grund meiner Traurigkeit? *That the ways of the Lord have changed.* Dass die Wege des Herrn sich geändert haben." Genau das ist meine Erfahrung.

Früher spürte ich Seine Gegenwart. Er war mir ständig gegenwärtig. Ich brauchte nur die Augen zuzumachen, immer war da irgendwie das fraglose Gefühl emotionalen Gehaltenseins. Und jetzt? Es sind tiefe Zweifel. Es ist genug. Ich habe weiß der Himmel viel Leid erlebt, nicht persönliches. Und was jetzt noch und immer wieder an Sinnlosigkeit in mein Leben hineinschwappt, das ist zu viel. Zu viel, um es ertragen zu können.

Was wird uns eigentlich zugemutet? Dass wir das Rohmaterial für die Wege des Herrn abgeben? Wie Israel bis zum Holocaust? Mit dem einzigen Unterschied, dass Er das selbst durchgemacht hat? Auf Golgotha. Aber Er hat es freiwillig durchgemacht. Hat Er? Wir doch nicht?

Aber Er hat uns durch sein Dabeisein gezeigt, dass Er uns liebt. Mein Gott. Dass Er uns liebt. Er hat uns die Freiheit gelassen. Und dann haben wir alles vermasselt (schau Dir nur Pakistan an!), und dann ist Er auf unseren Wegen mitgegangen, Er hat uns Seine Liebe nicht anders zeigen können. Er, der Gott ist – und dann glaubt Er daran, dass wir das sehen und annehmen und glauben!

Natürlich war das Leben immer dasselbe. Es sind immer Busse in den Indus gestürzt. Und immer junge Menschen angeschossen worden, die dann ihr Leben lang schwerbehindert sind. Immer sind Frauen misshandelt worden und Kinder gestorben, weil keiner ihre Lungenentzündung behandelt hat. Irgendwie hat das aber in meinem Leben nicht die positiven Dinge überschatten können: die Vollmondnacht mit Arif – den Sonnenaufgang am Nanga Parbat – dass die Regierung Lepraabteilungen einrichtete – dass die Lepra zurückging und wir sie endlich im Griff hatten.

Jetzt weiß ich: Das Leben ist anders. Weil Er nicht eingegriffen hat, als es Seinem Sohn geschah. Und nicht eingreifen wird, auch wenn 280 Menschen bei einem Sonntaggottesdienst sterben, durch den Terrorangriff blindwütender Fanatiker, die sich auf Allah berufen. Und dann sitzt ein dreijähriges Mädchen zwischen seiner toten Mutter und seinem toten Vater und fleht, sagt doch etwas –.

Das wird nicht das letzte Mal sein. Und ich muss damit leben.

Wie? Mit der hilflosen Geste der Veronika, die Ihm auf dem Kreuzweg ein Schweißtuch reichte? Manchmal, selten komme ich überhaupt an den Betroffenen heran. Dann ist es ja noch in Ordnung. Manchmal komme ich aber nur an die Statistiken.

Ich muss dann mit Krankenhausstatistiken leben lernen. Nur: Wie?

Leben ist nicht banal. Natürlich kann man sich ablenken. Man kann vieles zudecken und betäuben. Auch Leben in der Oberflächlichkeit ist eine Möglichkeit des Aushaltens. Eine sehr reduzierte allerdings. Leben ist anders.

Dass Leben wirklich anders ist – wie kann man das klarmachen? Wie kann man es vermitteln? Christen sollte das umtreiben. Durch Gerede geht das bestimmt nicht und nicht durch Missionierung. Nur durch Zeugen, durch Menschen, die etwas erfahren haben und durchsichtig sind. Und die mit anderen gemeinsam etwas *tun*.

Wir wissen es doch im Innersten: Das Leben ist eigentlich nicht zu verstehen. Ich selber bin fromm geworden über die Naturwissenschaften, und da bin ich sicher nicht die einzige. Alles, was wir heute etwa in der Genetik wissen, unser rudimentäres Wissen etwa um den Aufbau einer DNA-Kette, ja schon eine ganz „normale" Anatomie, kann einem den Atem verschlagen. Oder die Schönheit einer Blume.

Die Tür in eine andere Dimension ist offen. Oder zumindest angelehnt. Gleichgültig, womit man anfängt: Fragen, Staunen, mutig etwas riskieren – das ist der Weg heraus aus dem Kerker der Banalität und der in sich selbst verschlossenen Zweckbestimmungen, heraus aus dem Gefängnis der Gleichgültigkeit, der Weg ins Offene.

Staunen – über sich, über die Welt, über die anderen. Darüber, wie Menschen miteinander umgehen. Über Vertrauen, so riskant es manchmal sein mag. Über Schmerz, über die Liebe, über die Bereitschaft zum Risiko: Vertrauen ist (ebenso wie die Liebe) immer ein Risiko, man gibt sich preis. Ich bin überzeugt, ohne das geschieht nichts, was über das Banale hinausgeht. Nichts Entscheidendes lässt sich planen, nichts einfordern. Man erfährt etwas, von dem man nicht weiß, ob oder wofür es gut ist – und es wird doch zu einem geheimen Schatz ...

Wer mit dem Staunen anfängt, wird kein Ende finden. Er wird sehen, dass unser Leben durchsickert und durchsetzt ist von etwas, was nicht banal ist. Sich dem Staunen hingeben und das wirkliche Leben willkommen heißen, wie es auf einen zukommt. Sich überraschen lassen. Und bewusst den Schritt tun: Das Jenseits des Banalen ausloten, den Fuß in das andere Land setzen. Das wirkliche Leben.

Nicht, dass ich einer naiven Haltung das Wort reden möchte. Das Erschrecken gehört zum Staunen, als die andere Seite: Denn auch das Leiden ist eine durchgehende Realität. Warum frisst die Amsel den Regenwurm? Warum ist die Evolution auf Leiden, Untergang, Schmerz aufgebaut? Das sind Fragen, die weh tun.

Aber auch das Erschrecken darüber: Hatte Gott wirklich keine anderen Möglichkeiten, Seine Liebe kundzutun, außer Seinem Sohn dieses exzessive Leid zuzumuten? Warum das Kreuz? Ich halte es für eine Beleidigung, das Kreuz als normal anzusehen. Diese domestizierten Kruzifixe in all den Zimmern, in denen ich schlafe, wenn ich in frommen Häusern unterwegs bin! Wenn ich alleine irgendwo übernachte, habe ich sie prinzipiell ehrfürchtig von der Wand genommen und in den Schrank getan bis ich wieder auszog ...

Warum ist das Leben so? Er schweigt dazu. Ich könnte eine Liste machen, von all dem, wozu Er schweigt. Eine lange Liste.

Es hat einen galiläischen Frühling gegeben. (In dem unser Herr primär die Lilien auf dem Feld sah …) Den galiläischen Frühling. O Herr, den habe ich genossen. Den habe ich genossen! Aber das ist nicht die ganze Geschichte. Es gibt Golgatha. Es gibt Auschwitz.

Irgendwo muss ja auch Auferstehung sein.

Heute kam Fateh aus dem Erdbebengebiet bei Awaran zurück. Das Trinkwasser ist nicht verschüttet, sie können noch aus den Brunnen schöpfen, halleluja! Und die Strohhütten überstehen das Erdbeben überall und sie werden nicht so heiß wie die Zelte, in denen man es jetzt, bei über 40 Grad, einfach nicht mehr aushält. Kaum mal ein Todesfall. Weil die Dächer über den Hütten so leicht gebaut sind, dass sie keinen erschlagen, nicht mal die Babys.

Die Infrastruktur ist zusammengebrochen. Und wegen des Streites zwischen der Zentralregierung von Pakistan und der Provinzialregierung von Baluchistan lassen die bewaffneten Separisten die Armee nicht durch, aber den Edhi-Ambulanzdienst, eine muslimische Hilfsorganisation, damit die Schwerverletzten nach Karachi gebracht werden können. Und natürlich uns vom MALC.

Fateh sagt: „Ich habe nur gelacht, als die Armee mir jetzt sagte, ich sollte meiner eigenen Sicherheit wegen nur in ihrem Konvoi fahren, sie hätten strikte Anweisungen von Rawalpindi. Ich habe gesagt, aber das ist doch meine Heimat, ich bin hier geboren, wir haben seit 1971 hier gearbeitet, da waren Sie noch nicht geboren, ich gerade, und meine Doktorin hat schon um jene Zeit die Leprapatien-

ten hier versorgt. Und dann haben sie uns fahren lassen ...
Jetzt können wir sie medizinisch versorgen und bringen
ihnen Lebensmittel – es müsste noch viel mehr geschehen,
aber wenigstens etwas Sinnvolles können wir doch tun ..."
Und Lobo sagt: „Wir bleiben dran."

Ist das Auferstehung? Dass bei uns im MALC Muslime,
Hindus und Christen miteinander beten? Dass hier die
Armen den ersten Platz einnehmen? Dass Lobo immer
zuerst an die am geringsten Bezahlten unter den Angestellten denkt? Unser Herr hat ja auch nichts Auffallendes
getan, außer in den letzten drei Jahren seines Lebens.

3
Wirklich kein Warum?

Als ich in Mainz studierte, noch in den vorklinischen Semestern, studierte da auch ein Student in meinem Alter, aus dem Iran, ein bildhübscher Junge mit einem schwarzen Lockenkopf. Er verstand noch kein Deutsch, radebrechte ein wenig, aber dass es so gar keine Geschlechtertrennung gab in Mainz, das faszinierte ihn offensichtlich. Und er faszinierte unter anderen auch mich, an Ausländer waren wir damals noch nicht gewöhnt. Ich versuchte also, etwas von seinem Leben daheim zu erfahren – z. B. warum ihm seine Eltern das Mädchen einmal aussuchen würden, das er dann heiraten werde. Karim Ali dachte nach, lange. Und dann, mit einem plötzlichen Entschluss, kam er zurück zu uns. „Hat keine Warum", erklärte er kategorisch, und danach war das Gespräch beendet.

„Hat keine Warum", leuchtete mir als Argumentation ein. Wenn ich später über Liebe nachdachte, über Christentum und Glauben, fiel mir immer wieder Karim Ali ein. Hat keine Warum. Hat keine Warum. Schluss. Trotzdem bin ich nicht davon losgekommen, zu fragen. Daran ist „das Christentum" schuld – ach nein, Er. Er. Mein Partner.

Ich wollte (und will auch nicht) den Eindruck erwecken, dass das, was mich durch ein abenteuerliches Leben, währenddessen wir die Lepra in Pakistan in den Griff bekommen haben, dass mich das auch durch die Probleme und

Möglichkeiten des Alters brächte. Dass ich „Antworten" gefunden und gegeben hätte. Das Leben ist anders. Wie? Ich wusste es natürlich, dass es „auch" anders ist. Aber es war vorher nicht so verletzend, so bedrohlich, so unsinnig, so fordernd, so ganz und gar „ohne Warum". Wie? Das lag, das liegt eben an IHM.

Kürzlich bekam ich den Brief einer Frau, die meine Bücher gelesen hatte. Diese Bücher handeln alle von der Liebe. Mit der Liebe hat es angefangen, und ich habe immer daran festgehalten: Das letzte Wort wird Liebe sein. „Hat diese Liebe durchgetragen?", hat sie mich gefragt. Und als ich jetzt wieder gefragt worden bin, war mir klar: Ich habe etwas gesagt, was jetzt so nicht mehr stimmt und was andere vielleicht in ihrer Erfahrung allein lässt.

Was war passiert? Damals, als alles begann, habe ich nicht viel gefragt: Ich musste nur die Augen zumachen und dann war der Kontakt mit Ihm da. Davon habe ich gelebt. In all den Jahren, in allen Gefahren. Heute weiß ich, dass das ein Geschenk war. Sicher nicht nur für mich. Es war ja auch ein Geschenk für andere, weil die Lepra überwunden ist. Das ist vorbei. Wenn ich heute sagen sollte, warum ich noch Christin bin, dann ist es eben nicht mehr die fühlbare Liebesgeschichte. Aber ich kann Ihn doch jetzt nicht alleinlassen.

Ich hatte Momente der Erfahrung: ER ist da. Es geschah oftmals in Verbindung mit einer Landschaft. Es verbindet sich etwa mit den stundenlangen Fahrten durch die dürre Steppe in Baluchistan. Trockenes, dürres Gelände. Manchmal Stauden, Dornsträucher, Mimosen, deren gelbe Blüten wie Bällchen auf den Boden fallen, wie ein Teppich, sonst kaum eine blühende Pflanze. Eine Gegend, in der nichts ablenkt. Zeit zum Meditieren hatte ich vor allem im Jeep.

Und da war ein Hügel, auf den ich immer wieder stieg. Ich weiß nicht einmal mehr, mit wem ich unterwegs war. So konkret, so erfüllend, so stark war diese Erfahrung, dass sie alles andere auslöschte. Ich ging auf diesen Hügel, und ich wusste: ER würde kommen. Wir haben uns über das ausgetauscht, was in meinem Leben geschah. Und es geschah immer wieder, dass Er plötzlich wegging, ohne es mir zu erklären. Ich fragte immer wieder: „Warum kann ich da nicht mitkommen?" Seine Antwort: „Das schaffst du noch nicht." Und meine Bitte war immer: „Dann versuche es doch wenigstens einmal." Ich hatte das Gefühl, Seine eigentliche Mission kommt erst „danach". Das mochte ich nicht. Warum konnte ich nicht Seine *eigentliche* Mission teilen?

Was ist das Besondere an diesen Erfahrungen? Ich kann darüber nicht sprechen. Wie könnte ich auch davon reden? Von Gott zu reden ist kein Kinderspiel. Alle, die Erfahrungen mit Ihm gemacht haben und versucht haben, sie mitzuteilen, wissen das. Die Worte, mit denen man eine solche Erfahrung beschreiben könnte, sind zu abgenutzt, zu banal. Aber es folgt etwas aus dieser Erfahrung, sie bleibt nie folgenlos, das ist klar.

Es gibt weitverbreitete Bücher, in denen fromme Nonnen von ihren Privatoffenbarungen erzählen, in denen Jesus in der Sprache geistlicher Traktate zu ihnen spricht. Ich maße mir darüber kein Urteil an. Das ist aber nicht das Meine. Ich will auch gegenüber anderen keine Nonne sein, die außergewöhnliche, begnadete Erfahrungen gemacht oder gar Privatoffenbarungen erlebt hat. Ich bin eine normale Frau, eine Intellektuelle ohne mystizistische Neigungen oder besondere spirituelle Begabungen. Dass Er sich in mich verliebt hat, wie Er sich in den Stamm Israel verliebt hat: Das war nicht, weil dieser Stamm der größte, der intelligenteste ist. Sondern weil es Israel war.

Wen die Liebe erwählt, warum sie jemand vorzieht, das ist ein Geheimnis, und was da geschieht, ist nicht erklärbar. Es gehört in den Bereich einer Intimität, die nicht für die Öffentlichkeit bestimmt ist. Es bleibt ein Geheimnis.

Aber wie kann ich aufrichtig sein, wie kann ich ein Bild, das Menschen von mir haben, zurechtrücken? Ein Bild, das über weite Strecken meines Lebens von einer fraglosen Liebe erzählt hat. Einer Liebe, die nicht erloschen ist, aber die jetzt auch in tiefe Dunkelheiten getaucht ist. Ich habe mich nicht als „Israel" profiliert. Ich bin erfolgreich gewesen, ich habe zugegriffen, die Männer sind mir nachgelaufen. Jetzt aber spüre ich die Leere.

Der „Erfolg" verblasst hinter dem, was ich jetzt erfahre. Was im Moment spirituell bei mir geschieht, ist etwas, was ich nicht mag. Ich kann mich mit dem, was das Christentum uns zumutet, nicht abfinden. Das, was ich immer gesagt und gedacht habe: Gott hat die Menschen zum Glück geschaffen – das ist eine naive Aussage, die geschichtlich nicht trägt. Das ist die Erfahrung auf der Wegstrecke meines Lebens, die ich jetzt gehe. Der Austausch mit IHM, das Wissen, dass ich in Seiner Liebe bin, das war mein ganzes Leben. Und diese Erfahrung war so wichtig, dass sie mein geistliches Leben so geprägt hat, dass ich sagen kann: *Das bin ich.*

Wenn ich gefragt wurde, konnte ich nur sagen: „Davon lebe ich und darin lebe ich." Es war meine ureigene, meine ganz persönliche Erfahrung. Es ist eine Erfahrung dessen, was wir Liebe nennen und was ganz in dieses Bild von einer großen Liebe hereinpasst. Darüber hinaus habe ich nichts gebraucht.

Rückblickend denke ich heute oft: Ich habe die Menschen, mit denen ich unterwegs war, nur als Begleiter gebraucht, weil man in Pakistan als Frau nicht allein unterwegs sein kann. Aber was mich angeht, da wo ich wirklich *ich* war, habe ich keine anderen Menschen gebraucht. Ich habe mir auch oft überlegt, ob in dieser ersten Phase meines Lebens nicht die anderen Menschen zu kurz gekommen sind. Ich weiß kaum mehr, mit wem ich damals unterwegs war. Klar, da waren Abdullah, Lobo, Hamid. Aber da war vor allem *eine* Geschichte: Er und ich. Er, „My Lord", war im Zentrum. Das ist heute anders. Jetzt brauche ich Menschen.

Ich hatte – gefühlsmäßig – keine Zweifel damals. Zu zweifeln wäre mir nur dumm vorgekommen. Manche Menschen haben mich damals um meine Sicherheit beneidet. Heute käme es mir naiv vor, nicht zu zweifeln. Und ich kann diesen Menschen heute nur sagen, dass diese Sicherheit auch nicht trägt.

Ich bin heute in einer Situation, in der bei mir etwas – wenn nicht ins Kippen kommt, so doch fragwürdig geworden ist. Sicher, wir haben die Lepra in den Griff bekommen. Aber die Genugtuung darüber hat nicht durchgehalten. Es war ja auch nur ein Teil der Wirklichkeit. Es ist heute die Gesamtsituation, die mich verzweifeln lässt.

Nicht nur ein Einzelschicksal. Das Ganze kann einen verzweifeln lassen. Es kann einen ins Finstere versinken und an jeder Zukunft zweifeln lassen. Ich weiß nicht mehr, was Gottes Perspektive auf die Welt ist. Wie kann ich mich Ihm noch zugehörig fühlen? Wie kann ich das große Ja, das in der fraglosen Liebe ist, durchhalten?

Jemand hat mir erzählt von Janusz Korczak, dem polnischen Kinderarzt aus Warschau, der wusste, dass er seine Kinder ins Vernichtungslager führt. Er hat es getan, obwohl man ihm angeboten hatte, zu fliehen. Korczak hat versucht zu reagieren wie ein frommer Jude. Er sagte: „Ich habe versucht, die Welt zu segnen. Es ist mir nicht gelungen."

Unsere Generation hat die Erfahrung der Vernichtung, den totalen Nihilismus erfahren. Es war eine schreckliche Erfahrung. Und wir haben versucht, nach dem Krieg, darauf zu reagieren und eine andere Welt aufzubauen. Aber ist die Welt wirklich anders und besser geworden? Es gelingt mir nicht mehr, meine Fragen, die ich immer hatte, auf die eschatologische Liste zu setzen und zu sagen: Ich werde Dich danach fragen. Die Liste ist zu lang, das Fass ist übergelaufen.

Die Situation in diesem Land hat sich dramatisch zugespitzt. In gewissen ländlichen Gebieten Pakistans mag es noch friedlich sein. Aber hier und jetzt in dieser Stadt … Karachi ist zu einer Stadt geworden, in der die Angst herrscht. Wir hatten nach einer offiziellen Statistik 2012 über 2100 Morde in dieser Stadt: Nur Menschen, die in Karachi umgebracht wurden. Einfach so. Häufig wurden sie vorher gefoltert, und die Leiche wurde in einen Sack eingenäht den Eltern zurückgeben. Seit 1995 gibt es diese Bestialität. Wer wen mordet, wer welche Folterzellen hat? Man weiß es nicht.

Terror, Erpressung sind an der Tagesordnung. Und das schwappt auch in unsere Welt des MALC. Wir haben kürzlich wieder einen Brief in unserer Außenstation in Manghopir bekommen: „Wenn Sie nicht in nächster Zeit alle Schiiten entlassen, werden sie sehen, was mit ihnen passiert." Möglich, dass es ein Brief war, der uns nur in Unruhe versetzen sollte. Doch dann wurden zwei Mitarbeiter erschossen. Beide Schiiten. Sie waren aber auch Afghanen. Auch die leben hier gefährlich. Man weiß wirklich nicht, wer hinter wem her ist.

Auch unser Behindertenheim wurde angegriffen. Glücklicherweise saß nur ein Patient draußen. Er ist leicht verletzt worden. Zwölf Einschüsse habe ich gezählt. Die Mitarbeiter haben neun Patronenhülsen gefunden. Es war wie in meiner Jugend, in Leipzig, als wir nach Luftangriffen die Bombensplitter suchten. Ich habe versprochen, wir würden die Einschüsse nicht reparieren. Damals, im Krieg in Deutschland, haben wir an den Häusern das Datum neben die Einschusslöcher geschrieben.

Dann kam noch ein Erpresserbrief hinterher. Sie wollten Geld. Nur Geld würde sie interessieren. Aber wir haben kein Budget für Erpressung, und werden auch keiner Erpresserforderung nachgeben.

Schon zum zweiten Mal haben sie jetzt auf der Straße von Gilgit und Skardu, dem einzigen Weg, auf dem man dahin kommt, einen Bus angehalten und die Schiiten von den Sunniten getrennt, ihre Ausweise geprüft, in denen auch die Religionszugehörigkeit verzeichnet ist. Alle Schiiten wurden erschossen. Die Sunniten ließen sie laufen. Einer der ermordeten Schiiten war der Mann einer unserer Angestellten, eben frisch verheiratet. Irgendwann ist es zu viel.

Es gab immer zu viel individuelles Leid. Schicksale, die kaum auszuhalten waren. Die zu viel waren für ein einziges Menschenleben. Ich bin natürlich hier und heute noch mit mehr Leid konfrontiert als ich das wäre, wenn ich mich mit 65 oder mit 75 in Deutschland zur Ruhe gesetzt hätte. Entweder lässt man es nicht an sich herankommen. Aber das ist auch nicht richtig. Oder man lässt es an sich herankommen.

Da ist eine katholische Familie, die ich kenne: Der Vater, Lastwagenfahrer, wurde bei einem dieser Mordanschläge verletzt und ist jetzt querschnittsgelähmt. Er kommt in dieser Statistik der über 2000 Mordopfer gar nicht vor. Aber da ist die Frau, die zwei minderjährige Kinder hat und jetzt auch ihren pflegebedürftigen Mann. Sie muss die Familie durchbringen. Diese Frau hat keinen Beruf gelernt, sie arbeitet den ganzen Tag in einem Haushalt, schafft das Essen für die Familie heran und will natürlich, dass die Kinder zur Schule gehen und eine bessere Zukunft haben. Wir haben den Buben dann in ein diözesanes Heim genommen. Das war dann zu teuer ... Wir müssen nach einer anderen Lösung suchen. Das ist aber nur ein einziger Fall, den ich nun zufällig aus der Nähe verfolgt habe. Ist es nur menschliche Bosheit und Grausamkeit?

Und mein Glaube? Damals, in dieser „Phase der Verliebtheit", war sicher die Umwelt noch anders als heute. Aber schon damals war mir die Krise angekündigt. Mir war immer klar, dass das Christentum kein „Konservendosenglück" anzubieten hatte. Dass es mehr und anderes bieten würde. Ich habe mich nie damit ausgesöhnt, dass das Leben so ist, wie es ist. Und ganz besonders jetzt nicht.

Ich konnte auch damals schon eine Liste machen, die bereits in der Bibel anfing: Der Völkermord, von dem im alten Testament die Rede ist, der ausgesprochene Befehl, alles umzubringen, damit Israels „gelobtes Land" frei würde: Vieh und Mensch, Kinder und Frauen. Ja, Er hat sogar befohlen, auch die Bäume umzuhauen! Ich verstehe Menschen, die sagen: „Und Sein Sohn hat gesagt: Wenn ihr mich seht, seht ihr den Vater. Wer den Vater sieht, sieht den Sohn. Identifiziert Jesus sich denn mit diesem Gott?"

Die alttestamentarische Dokumentation dieses Gottes mag der geschichtlichen Entwicklung der Bibel geschuldet sein, die ja ein geschichtliches Buch ist und daher auch Ausdruck einer Entwicklung. Die dunkle Seite Gottes sehe ich aber auch heute noch in den Dunkelheiten des Lebens, in der schrecklichen geschichtlichen Wirklichkeit um mich herum. Das ist nichts von Ihm und Seiner Wirklichkeit Abgelöstes.

Es ist mir unverständlich, wie Er sich freiwillig in diese missratene Welt inkarniert hat. Hätte Er nicht erst die Welt ändern können, sie von Anfang an anders einrichten können? Sicher: „Wer mich sieht, sieht den Vater" – das heißt auch, dass man in der Art, wie Jesus sein Leben geführt hat, wie Er Menschen begegnete, wie Er auf Lei-

27

dende zuging, wie Er Unterdrückte aufgerichtet hat, Kranke geheilt hat, auch Gott sehen kann. Darin zeigt Er sich, wie Er ist.

Das stimmt. Aber Schwierigkeiten habe ich auch damit, dass Er einem Seiner Jünger erlaubt hat, Ihn zu verraten. Das muss doch eine Gruppe gewesen sein, wie ich sie mit meinen Jungs in der Lepraarbeit hatte ...

Die Freiheit ist unter allen menschlichen Werten der wichtigste. Ohne Freiheit können wir nicht lieben. Aber musste der Preis *so* hoch sein? Freiheit ist eine gefährliche Größe, sie kann auch zum Bösen verwendet werden. Und sie ist ein gefährdeter Wert. Die Welt und die Freiheit scheinen nicht zusammenzupassen. Und ich halte es auch für absurd, vom Leiden als dem Preis der Freiheit zu sprechen.

Das alles gilt ja auch nicht nur für Pakistan. Es werden Kinder auch im Westen, auch in Deutschland missbraucht, misshandelt, umgebracht. Sie sind bloß wehrlose Opfer. Von Freiheit keine Spur. Warum hat Gott den Menschen geschaffen und ihn dann in eine Situation gesetzt, in der er seine Freiheit auf eine Weise ausüben kann, die dem anderen schadet? Ich kann Ihm das logischerweise nicht vorwerfen. Wer bin ich denn, dass ich das tun könnte? Aber ich erinnere Ihn regelmäßig daran, dass das Seine Entscheidung war, die Welt so einzurichten, dass wir in ihr und unter ihrer Wirklichkeit leiden. Es ist Seine Verantwortung. Nicht meine.

Ich bin nicht umgetrieben von der Notwendigkeit, die Theodizeefrage zu klären und gar schlüssig zu beantworten: Warum lässt der gute Gott uns leiden? Wenn ich den intellektuellen Schritt mache und die Definition zulasse, dass Gott unendlich ist – wie könnte ich endlicher Mensch den unendlichen Gott fragen, wieso machst Du, was Du machst? Er kann mich verstehen, ich kann Ihn nicht verstehen. Damit muss ich leben. Nicht, dass ich sagen würde, ich weiß, dass Er mich nicht mehr versteht. Ich spüre es nur nicht. Das ist nicht das Gleiche. Wieso geht Er aber die Beziehung mit uns ein? Ich verstehe es nicht. Aber es ist ja nicht mehr so lange: Dann werde ich Gelegenheit haben, all das zu fragen. Ich erfahre auch Seine Wirklichkeit jetzt anders: als Rätsel, als Geheimnis. Und bin damit der Wahrheit wohl näher als früher. Aber ich wollte früher auch nicht mehr Wahrheit. Ich wollte mehr Nähe. Doch das ist mein Problem. Nicht Seines. Ich bin froh, dass ich wieder etwas Sinnvolles zu tun habe. Damit ich nicht so viel nachdenken muss.

Ich kann auch die Psalmen nicht mehr beten. Nicht nur mit ihrem Schöpfungspreis. Auch die Klagepsalmen fallen mir schwer. Meine Frage bleibt: Wieso schafft Gott eine Welt, von der man sagen muss: Das ist schiefgegangen? Schafft man denn Menschen, damit sie unglücklich sind? Schön und gut, dass Er das Leiden der Welt am Ende selber durchlitten hat. Aber war das ganze Drama denn wirklich nötig?

Ich habe Ihm erklärt, dass ich Ihm unbedingt folgen werde, dass Er meine Wahl ist und bleibt. Egal was Er tut, ich bin nicht der Typ, der wegläuft und etwas anderes macht, wenn es schwierig wird. Und Seine Geschichte mit uns – die ist schon überwältigend …

Nicht dass es mir selber schlecht ginge. Aber warum geht es mir gut, und den anderen nicht? Das Unglück der Menschen kann mich nicht kalt lassen. Es ist auch mein Unglück. Aber da gibt es noch einen entscheidenden Unterschied.

Ich bin gewohnt, dass auf mich Rücksicht genommen wird. Ich weiß nicht, wie ich reagieren würde, wenn mich einmal jemand kidnappen und foltern würde – was gerade jetzt nicht unwahrscheinlich ist. Und auch für die Zukunft, und gerade in der Krise sage ich: Ich glaube nicht, dass ich ohne Seine Liebe auskomme. Und auch nicht, dass Er ohne meine Liebe auskommt. Und ich glaube, dass wir trotz alledem damit leben müssen, dass wir nicht verstehen. Wir müssen notwendigerweise aushalten, dass es kein letztes Verständnis des anderen gibt. Ob auch Er mich nicht versteht? Das muss ich offenlassen. Aber was ich nicht offenlasse: Er wird niemanden verraten. Er wird niemanden für „nicht interessant" erklären. Das halte ich für unmöglich.

Aber gerade das lässt mich ja fragen: Wenn Du doch so viel für jeden von uns bezahlt hast, wenn Du Dein eigenes Leben, das Leben Deines eigenen Sohnes hingegeben hast, warum lässt Du ihn dann verrecken wie einen Hund? Und so viele andere auch? Ich verstehe es nicht. Und ich habe keine Antwort. Keine Antwort jedenfalls, die mich überzeugt. Ich glaube auch nicht, dass es eine Antwort gibt. Ich habe deshalb nur einen Überlebenstrick: Ich bin wieder in die Arbeit, den „Dienst" zurückgegangen. Die Arbeit für diese Menschen, die leiden, hat mich wieder sinnvoll abgelenkt von dem Starren in dieses dunkle Loch.

Wenn Er sich verhüllt, übernehme ich selber wieder

Verantwortung. Dann versuche ich durch meine sinnvolle Arbeit zu reagieren. Ich kann aber nicht sagen: Dadurch wird auch Dein Schweigen sinnvoll. Das Rätsel bleibt, und auch der Skandal.

Ich habe immer das Maximum gegeben. Aber was ich heute mache, hat mit „Arbeit" nichts zu tun. Ich musste mich nur ablenken. Da war die Erfahrung einer Leere. Ich muss ja irgendetwas mit mir machen. Und wenn ich hier etwas tue, dann hilft das anderen. Was soll ich denn sonst tun? Ich kann doch nicht im Bett liegen und nichts tun. Ich kann doch nicht den ganzen Tag in der Kapelle sitzen.

Es gibt keine theoretische Antwort auf die Frage nach dem Leiden und dem Bösen. Die einzige Antwort ist die der Liebe, die möglichst versucht, Leid und Bosheit zu verhindern. In Widerstand und Ergebung. Sich zu engagieren und etwas zu tun gegen das Leid, ist eine sinnvolle Reaktion auf das Leiden. Selber aktiv Verantwortung zu übernehmen, ist ein konstruktiveres Umgehen mit der Frage nach dem Sinn als alle theoretischen Überlegungen und alle abstrakten Gedanken. Ergebung ist die andere Antwort. Es ist die Antwort Jesu in der letzten Verzweiflung: „Vater, es geschehe Dein Wille." Wenn ich sage: Du musst wissen, was Du machst! Du hast das Recht dazu. Und nicht: Ich steige aus! Dann ist es diese Haltung.

Vielleicht braucht Er mich in dem, was ich tue. Aber ich kann nicht wissen, was Er will. Die Erfahrung bleibt: Gott ist der ganz andere. Ganz anders als wir. Und mit unseren intellektuellen Mitteln nicht zu erreichen. Ich habe kein Rezept, wenn ich mich dem sinnlosen Leiden gegenübersehe. Heute weniger denn je. Ich habe zu viel davon erlebt, immer wieder.

Ich bin froh, dass Lobo erleichtert war, als ich vor einem Jahr erklärt habe, dass ich wieder zur Verfügung stehen würde. Zwischendurch, knapp zwei Jahre, habe ich versucht, den Ruhestand zu leben. Jetzt bin ich mit meinen 84 Jahren wieder im Projekt. Das lenkt mich ab. Aber ist es wirklich nur Ablenkung? Es war dringend wichtig, dass ich meine medizinischen Erkenntnisse und organisatorische Erfahrung einbrachte. Und vielleicht ist das Seine neue Gegenwart: Das Heute, das Jetzt. Die Menschen um mich herum. Die Achtsamkeit auf das, was geschieht. Der Anruf der Gegenwart. Er ist heute noch viel fordernder denn je. Und das gilt wohl nicht nur für Karachi, für Pakistan. Es gibt so viel Leid, so viel Einsamkeit überall ...

Vielleicht liegt gerade darin auch die Möglichkeit von Hoffnung: Vertrauen wächst durch Achtsamkeit, durch den Blick aufs Konkrete. Durch Konzentration auf den Augenblick, auf den Nahbereich.

4
Ruhestand, Unruhestand

Auf meinem Balkon in Karachi steht ein Vogelkäfig mit vier kleinen Papageien – englisch „lovebirds". Als ich sieben Jahre alt war, hatte ich einen blauen Wellensittich, der mir immer auf den Zeigefinger hüpfte und den ich sehr liebte. Eines nachts entschlüpfte er durch das Fenster, mein Herz war gebrochen, denn ich wusste nicht, was mein Wellensittich erlebte, wo er sein Futter herbekommen sollte, wo er schlafen würde und wer wohl mit bösen Absichten hinter ihm her wäre, ob er nicht vielleicht sogar schon tot wäre. Der Vogel ist nie zurückgekommen. Ich dachte, er würde in dieser gefährlichen Freiheit verstehen, dass er es bei mir besser gehabt hatte.

Einmal habe ich Lobo das erzählt.

Am nächsten Tage hatte ich vier blaue Wellensittiche.

65 ist auch in Pakistan das Alter, um in den Ruhestand zu gehen. Aber dies ist ein Land mit einer anderen Kultur des Alterns und des Alters. Wenn man wirklich in den Ruhestand geht, sollte man es zu einem Zeitpunkt tun, wo man noch umschalten und etwas Neues aufbauen kann – für die in der Regel ja nicht unerhebliche Anzahl von Jahren, die man da noch hat und in denen man noch etwas tun kann. Ganz unabhängig von der Frage, ob das gut ist für die Arbeit, die man verlässt. Es beginnt etwas Neues. Und das wollte auch ich.

Ich habe es schon oft erzählt. An meinem 65. Geburtstag habe ich die Koffer gepackt, um aus dem MALC auszuziehen. Ich hatte meine Ruhestandszeit einem anderen Projekt versprochen. Aber dann war Lobo am nächsten Morgen in unserem Kloster und hat mir erklärt: „Das können Sie uns nicht zumuten. Das geht in meiner Kultur nicht." Ich sagte: „Wieso? Ich lasse euch durch meinen Auszug endlich die Freiheit." Und er: „Die Tochter muss das Haus verlassen. Der Sohn mag das Haus verlassen. Aber es ist in unserer Kultur völlig unmöglich, dass die Mutter das Haus verlässt. Es gäbe Gerüchte, dass die Pfau sich mit dem MALC ernsthaft überworfen hat, das würde öffentliche Schande über uns bringen." Also habe ich meine Sachen wieder eingepackt. Und bin geblieben. Wer sagt, das sei archaisch, hat natürlich Recht. Aber weil es archaisch ist, ist es auch so stark.

Als Papst Benedikt mit 85 Jahren seinen Rücktritt ankündigte, gab es Leute, die sagten: „Ein Vater tritt doch nicht zurück. Man bleibt zeitlebens Vater." Andere sagten, zu Recht: „Wer nicht mehr die Kraft hat, die Probleme zu lösen, der sollte seinen Platz freiräumen." Es ist sicher bei jedem unterschiedlich. Aber dass in einem bestimmten Alter nicht nur die körperlichen, sondern auch die geistigen Kräfte nachlassen, dass man abbaut und dem Ganzen nicht mehr gewachsen ist, das ist doch normal. Da muss man Verantwortung abgeben, um des Ganzen willen.

Bei mir war noch etwas anderes wichtig: Ich gab gerne den Platz vor mir frei, um etwas Neues zu beginnen. Und wer etwas Neues anfangen will, muss auch etwas anderes aufgeben und beenden können. Meine Hoffnung war damals groß, etwas Neues anzufangen. Ich hätte sogar zuschauen können, wie alles, was ich aufgebaut habe, den Bach hinuntergeht. Wenn ein Projekt kapputtgeht, das nicht mehr gebraucht wird, weil sein Zweck erfüllt ist – das hätte mich nicht umgebracht. Warum sollte ich mich da aufregen? Mein Versprechen hatte ich ja erfüllt: Die Lepra haben wir im Griff, irreversibel.

Dass Menschen im Ruhestand von der Aktivität des Berufslebens in den Aktivismus der Rentner verfallen, also nur noch unterwegs sind, von einer Reise in die nächste flüchten und damit ein existentielles Loch der Sinnleere zustopfen, das gibt es. Natürlich gibt es auch das, dass Menschen einfach ausgegliedert werden, nicht mehr gefragt sind und ihre Bedeutung verlieren. Das ist nicht leicht. „Retirement" – sich zurückziehen aus der Gesellschaft – das klingt für pakistanische Ohren nach Wegwerfgesellschaft.

Das Wort Ruhestand benutze ich nicht. „Ruhestand", das klingt, als ob man mit allem fertig und das Leben vorbei und die Welt in Ordnung wäre. Wenn ein Bauer in Tirol seinen Hof an den erwachsenen Sohn übergibt, mag das vielleicht so sein. Im unruhigen Pakistan ist es nicht möglich. Es gibt keine geordnete und sichere Welt. Und ein Sich-Zurücklehnen, das an der Not der anderen nicht interessiert ist und nicht mehr teilnimmt am Leben und endlich „genießt", das ist nicht „meins".

Ich habe auch etwas dagegen, Potenziale brachliegen zu lassen. Aktivität auch im höheren Alter ist sinnvoll. Freilich auch qualitativ anders. Nur die Frage bleibt, wird sogar dringlicher: Was ist eigentlich der Sinn meines Tuns?

Sie gilt nicht nur für Zeiten des beruflichen Alltags, sondern auch nachher.

Ich hatte zwei Optionen. Das eine war Menschenrechtsarbeit. Da gibt es immer wieder empörende Fälle. Brutale Übergriffe auf und in Polizeistationen. Untere Gerichtsinstanzen, bei denen zählt, wer wen kennt und wer wie viel zahlt. Menschen, die ungerechtfertigt in Gefängnissen festgehalten werden. Und immer wieder die Fälle von Ehrenmorden nach dem Stammesrecht, die als Kavaliersdelikte durchgehen. Oder Fälle, wo eine Frau mit Kerosin überschüttet und angezündet wird und wo es dann heißt, der Herd sei explodiert … Ich hatte schon feste Zusagen gegeben, mich hier stärker zu engagieren. Dazu hätte ich aber aus dem MALC ausziehen und frei sein müssen. Deswegen hatte ich ja die Koffer gepackt und war ins Kloster zurückgegangen. Aber Lobos Argumente konnte ich verstehen.

Die andere Option war, jetzt wirklich ein kontemplatives Leben als Nonne zu führen. Das steht ja in meinem Leben noch aus. Ich hatte immer gesagt: Wenn der Anruf Gottes für mich das Heute oder das Jetzt ist, dann kann ich das nicht in einem traditionellen kontemplativen Leben verwirklichen. Aber ich wollte nach über 50 Jahren auch einmal hauptamtlich Nonne sein: Alles sollte sich einmal um dieses spirituelle Leben drehen, um Besinnung, Stille, geistliche Lesung. Weil ich es noch nie gemacht habe, hätte ich das am Ende gerne einmal ausprobiert.

Die Vita des heiligen Antonius, dem ägyptischen Wüstenvater, fasziniert mich durchaus. Ein Mönch, der sich 50

Jahre lang von der Welt zurückzieht und sich einmauert. Und „ganz normal" zurückkommt. Das ist eine radikale Lösung, aber das ist Antonius. Gut, dass er das gemacht hat. Aber ich habe dann gemerkt: Das ist nicht mein Weg.

Auch wenn meine Lepraassistenten immer gesagt hatten, sie wollten mein Ausscheiden nicht, und sie hätten doch nichts mit einer Wegwerfgesellschaft am Hut: Ich habe ihnen hundertmal erklärt, ich bin jetzt alt und lebe jetzt mein Leben. Und ich habe tatsächlich den ernsthaften Versuch gemacht, das zu leben: Stille, Zurückgezogenheit, kontemplatives Leben. Ich habe damals viel Zeit in der Kapelle verbracht, bin auf dem Balkon gesessen und habe gelesen, alles während der Arbeitszeit.

Meine Umgebung hat eine Zeitlang zugeschaut und ist dann zunehmend nervöser geworden. Lobo hat mich bedrängt: „Warum wollen Sie denn nichts mehr zur Lösung der Probleme beitragen, die wir haben? Wir brauchen Sie."

Auch als Mensch des Tuns weiß ich: Es gibt genügend Situationen, wo wir nichts mehr „machen" können. Eine „Passivität", die dieses Erleiden in das eigene Leben integriert, ist auch für mich vorstellbar. Es wäre keine Abkehr von den Leiden der Welt, sondern gerade eine Hinwendung anderer Art. Und das kann man in ein wirklich kontemplatives Leben durchaus integrieren. Ich frage mich aber auch grundsätzlich: Was bedeutet denn heute kontemplatives Leben? Es kann nicht das gleiche sein wie zu einer Zeit, als die Frauen noch nicht am Leben der Gesellschaft teilnehmen konnten und das Leben in der Zurückgezogenheit einer Gemeinschaft vielleicht der erste Schritt aus dem Käfig war. Heute ist das anders. Und schon Ignatius von Loyola oder Meister Eckhart sind Zeugen für diese Spiritualität: Gott finden in allen Dingen, in allen Menschen, in einem Leben inmitten der Welt.

Aber diese Frage allein war es nicht. Es kam etwas dazwischen.

Dass ich dachte, ich könnte mich aus dem Verkehr ziehen – war offensichtlich verkehrt. Ich merkte: Das hat dem Projekt, an dem mir so lag, geschadet. Und es hat mir geschadet. Es hatte katastrophale Folgen, dass keiner mehr da war, der sich um die medizinischen Aspekte und Ziele kümmerte. Nicht aus Pflichtbewusstsein bin ich zurückgekommen. Ich habe die Gefahr gesehen: Sie haben eine gut funktionierende Organisation. Aber was werden sie Sinnvolles damit tun, wenn die Lepra ausgerottet ist?

Sicher: Es gab allen Grund zur Zufriedenheit: Über 95 Prozent unserer Patienten sind rehabilitiert. Das heißt, dass diese Menschen das Recht auf Nahrung und Kleidung haben, auf ein Dach über dem Kopf, auf Zugang zu Bildungschancen, Zugang zu medizinischer Grundversorgung, soziale Akzeptanz und gleiche Chancen auf dem Arbeitsmarkt. Das haben wir mit Ausnahme von Karachi landesweit erreicht. Auch wenn wir in Azad Kashmir nach dem Erdbeben und in Baluchistan nach der Flutkatastrophe wieder von vorne anfangen mussten …

Aber da wir keine Lepra mehr haben, bekommen wir auch nicht mehr fünfzig Prozent unseres Budgets vom Deutschen Aussätzigen-Hilfswerk. Wir reden also bloß noch über Geld und rennen nur noch hinter Geld her.

Doch wir wollen den Flüchtlingen helfen, weil wir das Netzwerk haben, mit dem man Menschen auffangen könnte, die sonst den Aktivitäten der Taliban ausgeliefert wären. Wir wollen dieses Netzwerk auch nicht abbauen. Aber wie sollte man es medizinisch neu ausrichten? Und auch bei der Lepra ist es so: Wir registrieren jedes Jahr noch 400 neue Fälle. Wenn wir also nicht eine Organisation aufrechterhalten, die sich weiter um Leprafälle kümmert, haben wir in 20 Jahren alles das wieder zurück, wofür wir unser Leben aufs Spiel gesetzt haben. Das wäre unverantwortlich. Die Situation war 15 Jahre unklar. Wie sollte es weitergehen? Es gab alarmierende Hinweise. Keiner hat sie recht ernst genommen. Warum die Dinge so wichtig nehmen? Schließlich steht Pakistan immer noch.

Wie rottet man die Lepra aus – in einem Land, in dem Dinge nicht wichtig sind? Und wenn sie ausgerottet ist, wie führt man eine solche Organisation sinnvoll in die Zukunft? Wie gewinnt man ein neues, ein sinnvolles und in sich schlüssiges Profil? Das war die entscheidende, existentielle Frage für das Projekt. Wie überwindet man den gefährlichen Stillstand? Eine Frage, die mich umgetrieben hat.

Das war also die Situation: Wir konnten die Lepraarbeit nicht völlig aufgeben. Die Arbeit musste zu Ende gebracht werden. Wir mussten ja nach wie vor mit den Wagen rausfahren. Und Benzin ist wahnsinnig teuer – ganz unabhängig davon, wie viele Patienten man besucht. Aber wir hatten nicht mehr genügend zu tun, weil die Zahl der Leprapatienten – Gott sei es gedankt – zurückgegangen war. Und wir hatten nicht nur die Kenntnisse, sondern auch noch Mittel, die sinnvoll eingesetzt werden mussten. Wir konnten ja die Mitarbeiter nicht entlassen. Die haben Familie, haben Kinder, haben die Kinder in die Schule geschickt. Deswegen habe ich gesagt: „Kein Mensch kümmert sich hier um Behinderte." Es gibt NGOs, also nicht von der Regierung geförderte Institutionen, mit therapeutischen Angeboten etwa in der Physiotherapie. Aber wie viele können da schon hinkommen? Die es wirklich brauchen, nicht. Auch wenn der Dienst kostenfrei angeboten wird – hinzukommen ist zu teuer.

Pakistan ist nach Angaben der WHO ein Land mit einer erschreckend hohen Zahl von Behinderten. Statistiken sprechen von bis zu 15 Prozent – bei einer Bevölkerungszahl von knapp 200 Millionen. Muskeldystrophie oder Kinderlähmung sind ebenso darunter wie Knochendeformationen, Verunstaltungen, schwere psychische Krankheiten, Entstellung, es gibt Blinde, Taubstumme, schwer Verhaltensgestörte. Es geht nicht nur darum, dass es kaum geeignete Sonderschulen für Behinderte gibt. Auch in Normalschulen werden diese Kinder nicht zugelassen. Weniger als ein Prozent aller Gebäude, Restaurants und öffentlicher Plätze in Pakistan haben richtige Rampen und Einrichtungen für Behinderte. Behinderte in der pakistanischen Gesellschaft leiden unter einem besonders ausgeprägten sozialen Stigma, das in einer rücksichtslosen Gesellschaft die Schwachen hart trifft. Zwar hat die Regierung einen Personalausweis für Menschen mit verschiedenen Behinderungen eingeführt, aber es gibt kaum staatliche Hilfen. Verbindliche Quoten für behinderte Angestellte in Regierungspositionen oder der Industrie existieren nicht. Aber selbst Preisnachlässe würden nichts helfen, solange nicht einmal der öffentliche

40

Verkehr klappt. Es müsste auch erst einmal eine Aufklärung bei Lehrern geleistet werden, bevor behinderte Kinder in Schulen aufgenommen werden.

Wir haben inzwischen schon ca. 500 Patienten in unser Programm aufgenommen und registriert, um die wir uns regelmäßig kümmern. Die Idee zu haben – und zu beweisen, dass sie sich mit unseren Ressourcen durchführen lässt – darauf kommt es an. Man findet in einem Land wie Pakistan kaum Leute mit einer umfassenden Erfahrung, wie ich sie im medizinischen Bereich nun einmal einbringen kann. Deswegen greifen sie in Fachfragen auf mich zurück.

Ich hänge nicht an Dingen, die ich gemacht oder angefangen habe. Aber dass Leute leiden, und ich kann das ändern, zumindest etwas dagegen tun und es geschieht nicht – das ertrage ich nicht. Wenn etwas noch gebraucht wird und kaputt geht – da kann ich nicht zuschauen. Es gibt so viele Dinge hier … Ich hätte also meine eigenen Möglichkeiten verspielt und verloren, wenn ich bei meinem Vorsatz geblieben wäre, prinzipiell auszusteigen. Dass ich jetzt wieder aktiver bin, das tut dem Projekt gut. Und zweifellos auch mir. Ich bin natürlich nicht mehr in der gleichen Weise aktiv wie früher. Wenn ich jetzt wieder einsteige, Ideen und Konzepte einbringe, tue ich das immer mit dem Blick: Andere werden das durchführen. Das ist qualitativ anders, als wenn man selber im „Geschirr" ist.

Jetzt gibt es wieder ein klares Ziel. Und es gibt viel zu tun. Wir haben in Pakistan etwa noch keine Gesetze, die verbieten, dass man seinen Cousin ersten Grades heiratet.

Wir haben daher viele Erbkrankheiten. Wenn das erste Kind krank ist, versuchen die Eltern noch andere, gesunde Kinder zu bekommen. Solche Paare haben oft sechs bis sieben Kinder mit Muskelatrophie, eine fortschreitende Krankheit, bei der sich die Patienten am Ende überhaupt nicht mehr bewegen können.

Wir hatten den Vater eines dieser Kinder hier, der ebenfalls an dieser Krankheit litt. Er verdiente sein Geld mit einem kleinen Laden. Damit schlug sich die Familie durch. Als er nicht mehr stehen konnte, lag er und die Kunden holten sich die Sachen selber und bezahlten ihn. Eine richtige Toilette hatte er nicht. Er musste in einen Winkel kriechen und ihn als Toilette nutzen. Dann wollten auch die Kunden nicht mehr in dieses Zimmer, weil es so stank. Er war damals noch keine 40, als wir ihn fanden. Ich habe ihn in den Wagen gepackt und nach Karachi in die Klinik gebracht. Er konnte nicht einmal die Arme heben. Er konnte nicht mal ein Glas Wasser trinken. Bei seiner Schwester, die ihn versorgt hatte, brach die Krankheit ebenfalls aus. Sie war auch schon bettlägerig. Ihr konnten wir mit Physiotherapie helfen, die Muskeln zu bewegen, und werden sie für eine gewisse Zeit mit Physiotherapie so stabil halten, dass sie mit den noch vorhandenen Muskeln etwas tun kann. Einiges kann man ja noch machen. Nach einer Woche Krankenhausaufenthalt konnte der Mann wieder sitzen. Die Familie ist arm. Sie haben keinen, mit dem sie über ihre Situation sprechen können. Sie haben auch keine Hoffnung, dass sich je jemand um sie kümmern wird.

Was macht ein Mensch, der völlig klar im Verstand, aber nur noch so weit am Leben ist? Der nicht einmal mehr ein

Glas Wasser selbst trinken kann? Welchen Sinn kann man einem solchen Menschen anbieten? Es muss ja ein Sinn sein, sonst hätte ihn der Herrgott nicht geschaffen. Dieser Mann ist Muslim. Natürlich reden wir mit ihm. Denn wenn ein solcher Mensch sich selber verloren gibt, haben wir als Ärzte oder als Pflegepersonal überhaupt keine Chance mehr. Ich „sage" ihm nichts. Ich frage ihn, ob er irgendeinen Sinn sieht. *Er* muss einen Sinn haben. Aber *ich* brauche das auch. Ich glaube daran. Sonst hätte Er uns doch nicht da draußen ans Meer in dieses verlassene Fischerdorf geschickt, wo wir nicht nur ihn, sondern die ganze Familie gefunden haben.

Die Menschen wussten früher nicht, warum einige Familien unter einem solchen „Fluch" stehen. Heute können wir ihnen erklären: Das sind Erbkrankheiten. Damit ist zumindest die Angst beseitigt, dass Gott sie bestraft hat. Und wir verhindern, dass die Mutter, die behinderte Kinder bekommt, dafür verantwortlich gemacht wird..

Man kann immer etwas Sinnvolles tun. Irgendetwas. Man kann doch nicht einfach zusehen. Natürlich: Es zwingt uns keiner. Man kann wegsehen. Man kann sich weigern, sich auf solche Situationen überhaupt einzulassen. Aber mein Leben ist das nicht. Deshalb also bin ich mit 83 noch einmal in die Behindertenarbeit eingestiegen. Weil ich musste.

Die Statistiken sind unterschiedlich und widersprüchlich. Die einen sprechen von 15 Prozent Behinderten in Pakistan. Andere halten die Zahl für zu hoch. Aber auch wenn es nur vier Prozent wären – bezogen auf die knapp 200 Millionen Einwohner ist das immer noch zu viel. Hinter der nackten Zahl steckt unglaubliches konkretes Leid. Keiner kümmert sich darum, aufzuklären oder systematisch etwas für bessere Lebensbedingungen dieser Menschen am Rand der Gesellschaft zu tun. Und was bei mir selber dazukam: Wenn man nichts mehr macht, verliert man auch Kapazitäten. Man entwickelt sich nur in den Bereichen, auf die man sich konzentriert.

Ich konnte es nie ertragen, dass man jemand nur Tabletten gab und sagte: Jetzt bist du geheilt! So war aber die rein medikamentös fokussierte Auffassung der Leprabehandlung durch die WHO: effektiv, aber ein reduziertes Verständnis. Wenn man alle Leprabazillen abtötet, gibt es in der nächsten Generation keine Lepra mehr. Das ist klar, das ist billig, und darauf kann man sich verlassen. Gerade im Umgang mit Behinderungen wird aber etwas anderes klar: Heilung umfasst mehr, sie ist immer etwas Ganzheitliches, etwas, was den ganzen Menschen angeht. Natürlich braucht der Leprakranke Tabletten, damit das Bakterium abgetötet wird. Aber auch dann bleiben Schäden, Verstümmelungen, die die Menschen belasten.

Der allgemeine Gesundheitsbegriff der WHO ist einerseits so weit gefasst, dass demnach kein Mensch gesund wäre. In anderer Hinsicht ist er wieder zu eng. Ein Beispiel: Die WHO deklariert, wann die Operation von Patienten mit Weißem Star erfolgreich war. Die Definition ist rein formal und mathematisch. Wenn jemand eine andere Schärfe braucht, bekommt man keinen Arzt mehr, der diesen Patienten noch operiert, weil er mathematisch als Misserfolg gilt.

Da war ein blinder Leprapatient, der keinen Gefühlssinn mehr hatte. Kein Arzt wollte ihn operieren, und ich konnte das nicht. Seine Geschichte ging mir sehr nahe. Wenn er zur Toilette ging, musste immer jemand dabei sein. Er sagte mir: „Ich kann meine Hose nicht ausziehen und ich kann doch auch nicht fühlen, wo ich mich abspülen muss." Damals hatten wir hier einen alten Missionsaugenarzt. Der ging mit mir zu dem Patienten, sah ihn sich an und sagte: „Der ist blind. Ich kann ihn nicht blinder als blind machen. Also versuchen wir es." Bei einem vollen weißen Star kann man ja nicht sehen, ob die Netzhaut noch in Ordnung ist oder nicht. Wir haben es dem Patienten also erklärt, dass es sich nur um einen Versuch handeln würde. Und er war einverstanden. Wir haben es versucht. Und haben für alle gebetet. Für den Patienten. Für den Chirurgen. Für die Helfer im Operationssaal. Die Operation verlief gut. Der Mann konnte jetzt allein auf die Toilette gehen. Und dann erzählte er mir: „Seit sieben Jahren habe ich heute zum ersten Mal ein warmes Mittagessen gegessen. Sonst musste ich immer warten, bis alle anderen versorgt waren. Und bis ich dran kam, war alles kalt." Also: eine Kettenreaktion des Guten.

Die Definition der WHO lautet, wenn ein Patient nicht 6/18 lesen kann, dann ist die Operation schiefgegangen. Danach haben wir ein ganz unwissenschaftliches Kriterium eingeführt: Bei uns hat man auch erfolgreich operiert, wenn der Patient nachher glücklicher ist. Natürlich wird ein Chirurg nach einem Erfolgsindex beurteilt. Wir haben also auch einen sozialen Erfolgsindex eingeführt. Da war eine alte Frau, blind, die ihre Enkelkinder nie gesehen hatte: alles Mädchen. Nachdem sie operiert war,

45

sagte sie: „Ich wusste gar nicht, dass kleine Mädchen so süß sind." Zu sagen, eine Operation sei nicht erfolgreich verlaufen, wenn eine alte Frau danach sagen kann: Ich wusste nicht, dass kleine Mädchen so süß sind, das ist doch Unsinn.

Wir haben früher im Lepraprogamm schon viel Revolutionäres miteinander getan. Daher ist es jetzt auch möglich, in einem nächsten Schritt diese Fragen der Rehabilitation professionell anzugehen. Die Umstellung, die wir jetzt machen, hätten wir schon vor 10 Jahren machen sollen. Menschen leiden darunter, wenn wir nicht das Richtige zur rechten Zeit tun. Das macht mich unruhig. Und warum sollte ich nicht meine eingeschränkten Möglichkeiten sinnvoll nutzen. Auch wenn das eher ein Unruhestand ist.

Ich kann mit 84 immer noch nicht sagen: Das MALC „läuft", jetzt werde ich mich in aller Ruhe im Lehnsessel auf den Balkon setzen, zwischen all die Blumen, die sie mir da gepflanzt haben. Und nur noch die Wellensittiche beobachten.

Immer wieder mal hinausgehen und mich an diesen bunten und fröhlichen Vögeln freuen, das kann ich.

Deswegen hat Lobo sie mir wahrscheinlich auch auf den Balkon gesetzt.

Aber die Schicksale unserer Patienten werden immer bleiben – und sollen es ja. Auch für meine Nachfolger.

5
Die Nachfolger

Irgendwo in unseren Heiligen Büchern, da sagt dieser Jesus von Nazareth, der für die Muslime ein Prophet ist und für die Christen die Offenbarung Gottes: „Ich bin der Weg" und: „Folge mir nach."

Die Menschen fragen mich oft: Wer ist denn Ihr Vorbild? Darauf kann ich leicht antworten. Mein Vorbild ist Er, der diesen Weg vorausging, bis zum Tod. Und dem ich nachfolgen will. Ich hätte es natürlich nie gewagt. Aber er ist es gewesen, der gesagt hat, „Komm", als Petrus auch über das Wasser gehen wollte (und sie sagen, der See Genesareth ist an stürmischen Tagen reichlich gefährlich). Die Bibel lese ich täglich. Sein Weg ist mir also jeden Tag nahe. Und ich kann nur sagen: Wenn man ein verrücktes Leben führen will, kann man nichts Besseres tun, als Christ zu werden.

Ich bin also meinen Weg gegangen. Und ich war dabei nicht allein. Oft genug habe ich dem Tod in die Augen geschaut. Wenn man den Tod vor Augen hat, kann man sich nichts vormachen. Und oft habe ich mich in all den Jahren gefragt: Woher habe ich das Recht, das ganze Team immer wieder und wieder und wieder den Gefahren auszusetzen? Dieses Team war stets hochmotiviert. Sie haben mitgemacht. Natürlich gibt es bei meinem Team auch das Interesse an der Lösung eines Problems. Es gab schließlich genug davon. Aber das war nie alles. Wenn es um Lebens-

47

fragen geht, läuft das immer auch über die persönliche Beziehung.

Oft schon wurde ich danach gefragt, was eigentlich mein Geheimnis im Umgang mit Menschen sei. Was mein Führungsstil sei? Wie man das macht: andere zu motivieren? Ich weiß es selber nicht. Sicher ist nur: Man kann nicht führen, wenn einem keiner nachfolgt. Die Mitarbeiter sind durch das Team motiviert. Und sie gehen in der Spur. In dieser Spur muss man natürlich vorangehen. Ich war ja mit den Mitarbeitern oft viele Tage unterwegs, zu Fuß in langen Märschen, in Vollmondnächten am Nanga Parbat, am Arabischen Meer. Es waren oft sehr persönliche und in die Tiefe gehende Gespräche – die natürlich auch Bande geschaffen haben.

Aber auch das gab es: Einmal als die Sonne aufging über dem Nanga Parbat, sehr früh, habe ich das ganze Team aus den Kojen geholt: Das müsst ihr sehen. Ich wäre fast ausgeflippt, so atemberaubend schön war es. Die haben sich nur umgeguckt, haben sich angeschaut und gingen wieder ins Bett.

Menschen führen heißt: ihnen einen Sinn in dem zu vermitteln, was sie tun. Den Sinn aufzeigen in ihrer Arbeit. Das ist es zweifellos.

Ich hatte einen Fahrer, den unser Sozialarbeiter aus dem Gefängnis geholt hat. Wir haben ihn dann nach Baluchistan mitgenommen, eine ganz verrückte Tour. Wir hingen auf dieser Fahrt ja alle von ihm ab. Der Sozialarbeiter war von seiner Unschuld überzeugt. Jakoob, so hieß er, war früher Busfahrer gewesen. Auf dieser Fahrt hat er mir erzählt, dass er damals wirklich jemanden im Affekt ganz

48

bewusst überfahren hatte, weil er in seiner Ehre verletzt worden war. Und er sagte noch: „Ich bin hin und zurück, hin und zurück, um sicher zu sein, dass er tot ist." Er musste mit jemandem reden … Von Muslimen habe ich so etwas immer als Privatbeichte angenommen. Was geschehen ist und bereut wurde, das muss dann auch vorbei sein. Ich habe auch nie drüber gesprochen, solange sie lebten. Dieser Jakoob hat später wieder völlig Fuß gefasst, war sehr erfahren, hat noch ein Haus gebaut, geheiratet und Kinder bekommen. Er sagte später, unser Gespräch damals habe ihm geholfen, daran zu glauben, dass das Leben weitergeht.

Leben wecken, das heißt also auch, dass man sein Leben neu anfangen kann. Es betrifft das ganze Leben. Das ist ein anderes Verständnis von Motivieren als Optimieren, das Beste aus den Leuten herausholen, messbare Anreize zur Leistungssteigerung, möglichst finanzielle „Boni", es gibt ganze Systeme von Zielvereinbarungen. Ich habe viele von diesen Managementbüchern gelesen, es gibt gute Hinweise darunter. Aber das Entscheidende geht anders. Es passiert. Oder es passiert nicht. Das liegt aber nicht in unserer Hand.

Jakoob hielt damals, im Vorgebirge des Himalaya, den Wagen plötzlich an. Es war ein einmalig schöner Regenbogen über den Bergen. Und dann sagte er: „Wissen Sie, was Sie mit uns gemacht haben? Sie haben uns überzeugt: *Life makes sense (dass das Leben sich lohnt)*."

Wie inspiriert man Menschen? Führung kann man nicht einfordern oder über Loyalitätspflichten einklagen. Weder

49

in der Kirche noch anderswo. Führung geht auch nicht über Statussymbole, nur über konkreten Lebensstil. Ich bin Nonne, jeder weiß, woher ich die Schuhe habe, die ich trage, und woher mein Kleid. Ich bin meistens – bis ich es jetzt im Alter aus gesundheitlichen Gründen nicht mehr gut kann – zu Fuß gelaufen.

Menschen führen heißt, Leben in ihnen wecken. Ein Teammitglied aus Kohistan hat das einmal so ausgedrückt: „Meine Mutter hat mir das körperliche Leben geschenkt. Aber Sie haben mir das Leben gegeben, das sich lohnt, gelebt zu werden."

Natürlich haben die Menschen auf unsere Arbeit „angesprochen". Aber es gab sicher auch Situationen, in denen ich es überhatte und an der Hoffnung verzweifelt bin, dass das, was man gesät hat, eine zuverlässige Ernte gibt. Es gab auch Zeiten, in denen ich am liebsten weggelaufen wäre. Und was wirklich bleibt – das ist bis heute noch nicht klar. Wer sagt mir denn, dass die Lepraassistenten nicht käuflich werden? Die haben es auch nicht leicht. Als ich noch voll im Dienst war, habe ich sie einmal in sechs Monaten für drei Wochen gesehen und intensiv begleitet. Und die restliche Zeit haben sie nur ihre eigenen Leute in der Region oder ihre Väter, die die Rollenerwartung nicht mehr erfüllen können.

Zweifel gehören dazu. Aber vielleicht trägt doch langfristig Frucht, was gesät wurde, und was man als Sinn erfahren hat. Eine Bitte habe ich an den Herrgott, dass die Gruppe es in ganz Pakistan nicht vergisst, und an ihre Kinder weitergibt: den Unterschied von Glück und Kitzel. Kitzel, das ist käuflich: Jede Kalaschnikoff kann ihn dir geben. Da haben sie mitleidig oder verächtlich auf einen geschaut, trotz der guten Abschlussnoten, weil man seit Monaten arbeitslos ist und das Brot seiner Eltern isst – und dann drückt eine Untergrundorganisation dir eine Kalaschnikoff in die Hand. Plötzlich stehen sie alle stramm, die dich verlacht haben, und folgen jedem Befehl, den du gibst ... Und du denkst, das ist Glück – aber nur solange, bis du einmal das Glas Wasser aus der Hand einer Leprapatientin entgegengenommen hast und vor allen Dörflern ausgetrunken, und sie hat dich angeschaut und gelächelt: wirkliches Glück. Oder du hast es einmal vor Einbruch der Dunkelheit aus den Bergen, in denen die Wölfe heulten, geschafft und das Dorf erreicht, und ein junges Mädchen im fliegenden roten Rock lief dir entgegen; du siehst, sie ist im zweiten Stadium der Lepra, aber du kannst sie noch heilen, und sie fragt dich, atemlos und erwartungsvoll: „... hast du Medikamente dabei?!"

Glück. Du wirst es nie vergessen können.

Es sind die Werte, die „den Unterschied machen". Natürlich gibt es aber auch bestimmte Regeln, die „den Unterschied machen". Ganz wichtig: Man muss kein Held sein, aber Klarheit und Gradlinigkeit sind wichtig. Man kann Menschen nur führen, wenn sie wirklich wissen, wie man sich in bestimmten Situationen verhält. Extremsituationen können da ausgenommen sein. Sie kommen ja nicht häufig vor. Auch für sich selber sollte man wissen, wohin man neigt und woher die Entscheidungen kommen.

Eine Regel haben wir im Team immer hochgehalten, die „5:1-Methode". Sie besagt: Wenn dich jemand oder etwas sehr nervt oder wenn du merkst, dass Wut in dir hochsteigt – dann ist es höchste Zeit auf diese 5:1-Methode zurückzugreifen. Suche nach fünf guten Punkten, die du im Gewirr aller Fakten, die ansonsten dagegen sprechen, trotzdem finden musst und auch finden wirst – und das Problem wird in eine andere Perspektive gerückt werden. Die Situation wird sich beruhigen – und wenn du dann eine Entscheidung triffst, ist sie sicher hilfreich und wird die ganze Situation nicht noch schlimmer machen.

Sich nicht in alle Probleme zu verhaken, war auch eine solche Regel. Wenn ich für ein Problem im Moment keine Lösungen gefunden habe, habe ich mich einfach dem nächsten zugewandt.

Eine andere Weisheit, die wir im Team weitergegeben haben: Nur der, der das Problem hat, kann auch die Lösung finden. Wir können ihn dabei nur unterstützen.

Geduld und Achtsamkeit gehören auch zu den Grundregeln. Als Lobo 1999 die Leitung der Verwaltung übernahm, jung damals, enthusiastisch, sehr auf Effizienz bedacht, sprudelte er über von Ideen und wollte alles Mögliche verändern. Ich habe ihm nur gesagt: „In unserem Orden haben wir eine Regel. Wenn eine neue Oberin kommt, dann schaut sie erst einmal ein Jahr zu. Dann kann sie verändern." Ich habe ihm nicht abgeraten, etwas zu tun. Wie er mit dieser Botschaft umgeht, das muss er selber wissen.

Und noch ein anderes Prinzip ist wichtig: „Sag ja zur Person. Und nein zum Problem." Wenn jemand mit einer Schwierigkeit kommt, kann man sich unterschiedlich verhalten. Ihm sagen: Tut mir leid, aber das geht nicht, auf Wiedersehen. Oder: Setzen Sie sich, was ist Ihr Problem? Das macht einen Unterschied.

Die Kriterien für die Auswahl von Mitarbeitern ergeben sich aus diesem Stil: Wenn jemand in dieser Spur geht, wenn er unsere Ideale übernimmt und so effektiv arbeitet, dass er diese Ideale auch umsetzt – dann ist er „unser Mann". Das Geheimnis des MALC: Dass jemand anfängt – und erfolgreich ist, und weitergeht. Der Geist in dieser Klinik wird noch heute von Menschen weitergetragen, deren Schicksal mit diesem Geist verbunden ist und von ihm verwandelt wurde. Sie stehen mit ihrem eigenen Leben, ihrem eigenen Schicksal dafür ein, dass es weitergeht.

Nachfolger – was wäre mein Leben gewesen ohne meine Freunde, ohne mein Team …? Die meisten sind heute im Ruhestand, wenn auch noch nicht alle. Wir sind über ganz Pakistan verteilt. Ich würde ihnen gern einmal sagen, was sie mir bedeutet haben. Denn darüber geredet haben wir nicht, damals …

Ashraf von Azad Kashmir. Er war vielleicht gerade einmal 18, als er zur Ausbildung nach Karachi kam. Einer jener hellhäutigen rotbäckigen Bergbauernbuben. Er sprach kein Wort Englisch. Später einmal erzählte er mir, er wollte gar keine Lepraarbeit machen, aber er hatte sich gedacht, wenn er jemals aus seinem gottvergessenen Dorf im Neehlumtal herauskommen wollte, dann würde das über Karachi gehen, und wer würde ihn, einen Bergbauernbuben aus dem Neehlumtal (was kann aus Neehlum schon Gutes kommen?), zu einem Ausbildungskurs zulassen?! Er würde es versuchen, und er bewarb sich. Ich mochte ihn vom ersten Tage an. Er war so unwiderstehlich offen. Und das Team hat ihn mit seiner Ernsthaftig-

53

keit im Laufe der Ausbildung überzeugt, und für die Lepraarbeit gewonnen.

Wir haben uns schwer zusammengerauft. Sieben lange Jahre, wann immer ich nach Azad Kashmir kam, wusste ich nicht, ob Ashraf mich eigentlich haben wollte oder nicht. Ob ich mich auf Ashraf verlassen konnte oder besser nicht. Es geschah eigentlich nichts in diesem siebten Jahr, und trotzdem war alles anders. Ich fragte ihn: „Was war denn los mit dir, oder mit mir?" Er lachte. „Inkubationszeit, Doktor", sagte er. Dabei ließen wir es.

Das Projekt entwickelte sich. Wir haben immer alles gemeinsam getan. Die Lepra in den Griff bekommen, über 100.000 Tuberkulose-Patienten geheilt. Sie neckten mich schon in den Büros der Regierung: „Ich muss erst Ashraf fragen".

Hamid von Baluchistan verdanke ich einem italienischen Priester, Pater Vanni, der sich für unsere Lepraarbeit in Baluchistan zur Verfügung gestellt hatte und uns dann auch in Afghanistan unterstützt hat. Hamid war Regierungsangestellter und erzählte mir, er habe immer davon geträumt, er müsse doch einen, einen einzigen Vorgesetzten finden, dem die Patienten, das Leid der Armen, die Probleme, denen sich die Regierung gegenübersah, wirklich nahegingen – „sie hatten aber immer die gleiche Frage, was können wir für uns herausschlagen? Bis ich Pater Vanni traf ... Und als den die Regierung des Landes verwies, weil er sich zu kritisch geäußert hatte, da wusste ich, ich musste es weiterführen."

Wir haben stunden-, tage-, wochenlang im Jeep das Land bereist. Sind wochenlang gemeinsam zu Fuß unterwegs gewesen. Einmal hielten wir unsere Sprechstunde in einem trockenen Flussbett ab, als plötzlich einer unserer Begleiter aufsprang, die Sachen zusammenriss und loslief, und Hamid mich an der Hand packte und fluchtartig die erste Flussschleife überquerte, die zweite, und dann konnte ich das Rauschen des heranstürzenden Wassers auch schon hören – wir schafften die dritte Schleife, den Hügel, auf dem oben das Haus unseres Patienten war. Dort haben wir drei Tage gewartet, bis der Dauerregen vorbei war und sich der Fluss wieder verlief …

Wir sind jedem Verdachtsfall nachgereist, haben nachts im Zelt, oder mit den Herden des Patienten unter dem klaren Sternenhimmel geschlafen, haben die Patienten wieder zurück in die Dorfgemeinschaft eingliedern können, sodass die Familie wieder Zugang zum Dorfbrunnen bekam.

Hamid hat mir den Weg nach Afghanistan geöffnet, er kannte die Mujahedin und wusste, wem wir uns anvertrauen konnten. Und die Spenden für die Augencamps, die Hunderten von Patienten das Augenlicht zurückgaben, sah ich auch am liebsten in seinen Händen.

Oder Azadar: Als ich Azadar das erste Mal sah, war er gerade mit hohem Fieber im Krankenhaus aufgenommen worden. Wo er daheim sei? wollte ich wissen. „Nirgendwo", sagte Azadar. „Wir waren auf der Flucht. Jetzt leben wir noch auf der Straße. Mein Vater ist Patient, da ist es schwierig, eine Unterkunft zu finden." Es stellte sich heraus, dass er Azadar schon angesteckt hatte. Wir nahmen ihn in den Lepraassistenten-Kursus auf, das war der Beginn der Rehabilitierung.

Als wir gemeinsam in Sindh begannen, hatten wir noch keinen Dienstwagen. Wir fuhren mit der Eisenbahn. Auf unserer ersten Fahrt nach Larkana blühte das Steppengras an den Eisenbahnhängen: „O, wie silbrig", sagte ich zu Azadar, „ich hätte sie so gern für die Kapelle daheim!" Wie konnte ich wissen, dass er mir den Wunsch erfüllen wollte? Ich flehte ihn an, was sollte ich allein in Larkana tun, wenn Azadar den Zug verpasste? Er sprang in letzter Minute noch auf, im Arm einen üppigen Strauß von blühendem Steppengras. Ich habe nie wieder einen Wunsch geäußert. Aber wir haben jahrzehntelang vorzüglich zusammengearbeitet.

Einmal, später, hielten uns spät am Nachmittag die Straßenräuber an, für die Sindh bekannt ist. Sie hatten es auf unseren Toyota-Jeep abgesehen. Den könne er ihnen nicht geben, es tue ihm leid, sagte Azadar. Er könne ihnen den Jeep wirklich nicht geben, und er erklärte ihnen, was wir taten. Sie hörten wenigstens zu. Sie wollten seinen Ausweis sehen. „Syed Azadar Houssain?", fragte der Bandenführer nach. „Dann gehören Sie direkt der Prophetenfamilie an?" Und zu seinen Leuten gewandt: „Da müssen noch andere Toyota-Jeeps auf der Straße sein. Ich würde nicht mögen, dass wir den Toyota eines Verwandten des Heiligen Propheten fahren." Eindeutige Übereinkunft unter seiner Gruppe. Und dann zog er einen schwarzen Stofffetzen aus seiner Hosentasche. „Knüpfen Sie den an Ihren Seitenspiegel, sagte er, und keiner wird sie in Zukunft belästigen." Und danach fuhren wir vom schwarzen Fetzen beschützt durch ganz Sindh …

Oder eine Geschichte aus der NWFP, der North-West Frontier Province: Mullah Mohammed. Er war noch keine 18 Jahre alt, deshalb konnten wir ihn in den Kursus nicht aufnehmen. Aber lernen konnte er schon bei uns – und diese Gelegenheit nahm er wahr. Am Ende des offiziellen Ausbildungskurses, nach zwei Jahren, schaffte er es als Klassenbester. Sein Vater war leprakrank, ein heiligmäßiger Mann aus dem Karakorumgebirge. Er bettelte in Karachi, um seine Familie zu ernähren. Einmal im Kursus aufgenommen, fand Mullah Mohammed keine Ruhe mehr. Wenn seine Kollegen seinen Vater in den Straßen von Karachi mit dem Bettelnapf sehen würden? Wir zahlten dem Vater das Einkommen vom Sozialfond.

Mullah Mohammed hatte nur einen Traum: dass er einmal die Krankheit besiegen würde, die seine Familie beinah zerstört hatte. Und es sollte Wirklichkeit werden, nach 34 Jahren angestrengter Arbeit, 1996. Er, der Bergbauernjunge aus einem verrufenen Stamm, bekannt für häufige Übergriffe, hat es bis zur mittleren, dann höheren Beamtenlaufbahn geschafft und dem Leprabekämpfungsprogramme einen anerkannten Platz in der Regierung erkämpft.

Ich werde es nicht vergessen, wie er am Anfang seiner Karriere vor einem Verdachtsfall von Lepra kniete und die Nerven untersuchte, und wie seine Augen aufleuchteten. „Doktor, ein Fall!, und wir können ihn heilen!" Es ist technisch nicht einfach, die Diagnose mit einem verdickten Nerv zu stellen, aber Mullah Mohammed hatte Recht! Und er hat es auch in Zukunft so gehalten: dass seine fachlichen Entscheidungen korrekt waren.

Nachfolge hat einen doppelten Sinn. Sie hat mit Führen zu tun, mit Beispielgeben, auch mit Bindung an eine gemeinsame Aufgabe. Und wenn man seine Nachfolge regelt: mit

Loslassen, Abgeben und Weggehen. Andere gehen weiter in den alten Spuren, finden neue Wege. Es gibt Gemeinschaft auf dem Weg zu einem Ziel. Aber Nachfolge hat dann doch auch mit Weitergehen zu tun: Ich kann loslassen und jetzt anderen die Führung überlassen.

Die Übergabe hat stattgefunden. Ich bin glücklich, dass ich in Mervyn Lobo heute einen Nachfolger habe, der den Weg kennt und weitergeht. Ich wusste immer, ich habe ein gutes Team. Und Lobo war immer schon völlig ungewöhnlich in der Verwaltung, nicht im Medizinischen. Obwohl seine Gabe, Dinge klarzusehen, uns auch im fachlichen Bereich hilft. Lobo ist so einer, der in der Spur geht. Er ist mir früh aufgefallen: Wir hatten damals ein Problem, das vor 18 Uhr (heute arbeiten wir nur bis 16.30 Uhr) noch nicht gelöst war. Es ging um einen umfangreichen und detaillierten Antrag an die Regierung und um die Genehmigung von Fördermitteln – und es gab eine Deadline. Wir mussten für die verschiedenen Provinzen Budget-Planungen aufzustellen, um von der Regierung Gelder für die Arbeit zu bekommen. Lobo blieb an jenem Tag länger im Büro. Und an den nächsten auch. Wir haben 15 Tage und 15 Nächte durchgearbeitet. Jede Nacht bis zwei Uhr, drei Uhr morgens. Lobo machte die Kalkulationen und stellte die Budgets auf. Ich sah alles durch, korrigierte, gab es zurück. Es gab damals noch keine Computer, wir hatten nur zwei Textverarbeitungsmaschinen, alles musste manuell gemacht werden. Wir schlugen unser Nachtlager auf dem Flur auf. Nach zwei, drei Stunden Schlaf ging es weiter. Der Bericht wurde termingerecht fertig. Damals ist mir erstmals aufgegangen, Lobo ist der richtige Mann.

Von 1992 bis 2000 habe ich dann ganz eng mit ihm gearbeitet, wir waren gemeinsam im Land unterwegs, oft bis zu 40 Tage am Stück. 1995 bekam er das Angebot einer großen ausländischen Firma. Zwei Headhunter hatten ihn zu Hause aufgesucht und ein Angebot gemacht, das er eigentlich nicht ablehnen konnte. Sie boten ihm das Zwölffache dessen, was er damals bei uns verdiente, einen Dienstwagen und alles Mögliche mehr. Er hat trotzdem abgelehnt. „Ich hätte Dr. Pfau nicht mehr in die Augen sehen können". Er wollte das Projekt nicht im Stich lassen. Das passierte ohne große Worte und ohne dass wir viel darüber gesprochen hätten. Jetzt wird er bald 20 Jahre bei uns sein.

Die schönste Zeit waren jene acht Jahre, in denen wir zusammen im Außendienst waren und die Probleme vor Ort analysiert und gelöst haben. Das ganze Projekt war damals nicht richtig organisiert, weil ich mich weder ausreichend ums Geld noch um Verwaltungsaufgaben gekümmert hatte. Aus der medizinischen Praxis hatte sich zwar eine gewisse Struktur ergeben, mit der man arbeiten konnte. Aber je effizienter die Organisation, desto kostengünstiger kann man natürlich auch arbeiten. Und das waren wir unseren Spendern schuldig. Das hat Lobo geleistet.

Lobo war seinerzeit zu uns nach Karachi gekommen, weil es in Sindh, wo er eine Regierungsstelle hatte, zu gefährlich für ihn wurde. Später, bei uns, kam er nicht nur nach Sindh, sondern in alle möglichen noch weit gefährlicheren Regionen Pakistans. Er war damals an meiner Seite als Verwaltungsexperte in allen Provinzen und hat – von der Urlaubsregelung bis zu Fragen der Vergütung – praktikable und vernünftige Systeme eingeführt und die Lösungen für all diese Probleme direkt vor Ort erarbeitet. Er konnte das, weil er bei allen Meetings mit den Lepraassistenten dabei war. Wir haben die acht Jahre wirklich genossen. Er war effektiv, aber impulsiv – und überwarf sich mit jedem. Später sagte er mir, ich hätte ihn damals jeden Abend auf seine Fehler hingewiesen. Das weiß ich nicht mehr. Aber ich merkte: Er konnte sich zumindest entschuldigen.

Streiten müssen wir uns natürlich weiter und um die besten Argumente und die besten Lösungen ringen, auch heute noch. Wir sehen uns jeden Morgen, kurz vor acht Uhr und sprechen über alles, was ansteht. Er kommt in der Regel mit einer kritischen Perspektive auf die Dinge. Ich bringe eher die positive Sicht ein. Nicht immer sind wir uns einig. Einmal habe ich zu ihm gesagt: „Mr. Lobo, erst am Tag des Jüngsten Gerichts werden wir wissen, wer in dieser Frage recht hat, Sie oder ich!" Darauf er: „Wenn Sie bis dahin mit meiner Entscheidung leben können, ist das für mich in Ordnung." Damit kann ich leben.

Eine Basis unserer Zusammenarbeit war immer: Wer das bessere Argument hat, setzt sich durch. Und das hat immer gut funktioniert. Wenn ich mich mit ihm nicht einigen kann, ist das für uns beide schwierig. Aber er hat mir gesagt: „Was es mir immer wieder möglich macht, mich mit Ihnen zu streiten und mich zu freuen, wenn Sie wiederkommen ist: dass ich niemals gezweifelt habe, dass Sie mein Bestes wollen und ich habe mich niemals unsicher gefühlt." Das stimmt.

Am kritischsten war es in der Zeit, als Lobo noch gemeinsam mit seinem Vorgänger – beide keine Mediziner – die Verantwortung hatte. Damals war kein Mediziner in den Entscheidungsgremien. Lobos Vorgänger kam aus der pharmazeutischen Industrie. Es ging auf die Dauer nicht gut. Lobo hatte, während er schon bei uns war, nebenbei noch studiert und als der beste in seinem Semester abgeschlossen. Ich hatte ihn schon früher gebeten, in die oberste Managementposition einzusteigen. Er tat es nicht, weil er sein Verhältnis zu seinen Freunden im Projekt nicht für eine Vorgesetztenrolle aufgeben wollte. Nach vier Jahren war aber klar, dass der Mann, den wir dann statt seiner an die Stelle setzten, nicht nur ihm, sondern dem ganzen Projekt nicht gut tat. Es ging am Ende nur noch um Geld. Um diese Zeit hatten wir die Flut in Sindh. Wir mussten schnell reagieren und auch die großen Spendengelder optimal und effizient an die Betroffenen bringen. Es hat Lobo damals gut getan, zu erleben, wie seine Arbeit bei den Mitarbeitern ankam und dass auch sie Tag und Nacht hochmotiviert gearbeitet haben.

Nach fünf Jahren war der Vertrag des Vorgängers abgelaufen, und ich habe beim Aufsichtsrat gegen erhebliche Widerstände durchgesetzt, dass Lobo, dessen Familie nicht aus der Oberschicht kommt und keine einflussreichen gesellschaftlichen Verbindungen hat, die Nachfolge tatsächlich antreten konnte. Lobo repräsentiert und sichert, auch als Person, das Wertegerüst und die gewachsene Erfahrung der Institution, und er hat das richtige Urteil über das Gesamtprojekt. Er sieht das Gesamtbild – und das setzt mehr voraus als bloßes Organisationsvermögen. Bei ihm stimmt die Mischung aus Mitgefühl und sachlicher Kompetenz. Und er hat zudem Gespür für die medizinischen Belange. Und Erfahrung im Außendienst. Er muss als Verantwortlicher jetzt die Entscheidungen treffen. Und er trifft sie auch. Wir diskutieren darüber, oft genug kontrovers. Er holt auch immer noch meinen Rat ein. Bevor er die Position des verantwortlichen CEO übernommen hat, gab es einige Diskussionen mit ihm, und er sagte mir einmal: „Ich habe den Eindruck, dass ich diese Stelle übernehmen soll, damit Sie weiter Ihre Dinge durchsetzen können." Ich habe ein wenig gestutzt – und gesagt: „Warum eigentlich nicht?" Und wir haben beide gelacht. Dieses Lachen der Übereinkunft.

Ein Foto im Flur des MALC zeigt ihn strahlend nach der offiziellen Amtsübergabe. Er hält eine Kerze in der Hand: *To light a candle ...*

Er geht seinen Weg selber. Und trägt die Fackel weiter.

Leicht hat er es derzeit, bei Gott, nicht.

Natürlich weiß er, dass er heute als Leiter des MALC besonders gefährdet ist – wie alle, die im Fokus der Öffentlichkeit stehen. In seiner Zeit als Verwaltungsdirektor hatte er kein Problem damit, überall hinzugehen. Heute ist er vorsichtiger geworden.

Wenn er morgens zu Fuß ins Büro geht, so erzählt er, wenn also die Straßen noch ziemlich leer sind und von hinten ein Motorrad kommt, ist er auf der Hut. Meistens ist es bei Überfällen der auf dem Rücksitz, der die Waffe hat. Abends ist es nicht so problematisch, weil mehr los ist. Es bleibt eigentlich nur eine größere Straße, die in der Regel belebter ist, die anderen sind zu klein, zu unübersichtlich, zu gefährlich. Keiner weiß, ob er beobachtet wird und wie lange schon. Die Angst ist immer da. Er kann seine Freunde nicht mehr so wie früher treffen. Und wenn nicht gerade ein dringender Notfall ist, ist er sehr vorsichtig, wenn er irgendwo hingeht. Sein Leben konzentriert sich auf die zwei Orte: Die Wohnung und den Arbeitsplatz. Er geht nur noch kalkulierte Risiken ein. Aber er ist auch davon überzeugt, dass das Projekt beschützt ist.

Er ist der richtige Mann am rechten Platz. Ich würde nie etwas tun, wenn Lobo dagegen ist. Und wenn er etwas anderes als ich will – ich würde so lange mit ihm streiten, bis er zumindest mein Argument sieht. Und dann treffen wir uns in der Regel auf halbem Wege.

Natürlich: Die Nachfolgeregelung und eine Übergabe, das sind immer sehr komplexe und schwierige Situationen. Ideal ist es, einen guten Weg zu finden, der gewachsene Erfahrung nicht vernachlässigt oder gar wegwirft und zugleich auch den anderen die Freiheit lässt, neue Lösungen für die Zukunft zu finden. Damit es gut verläuft, braucht es viel Disziplin und viel Selbstlosigkeit und Selbstdistanz. Wenn man Kinder – oder Nachfolger – freigibt, ist das immer der Fall: Man muss loslassen. Auch wenn man mehr weiß, auch wenn man die größere Erfahrung, den größeren Überblick hat. Das Entscheidende bei einem solchen Prozess sind die Menschen. Es ist ein Zu-Fall, wenn man sich findet. Und wenn es die richtigen Leute sind, die ihren Beruf als Berufung leben, die die gleichen Werte haben, dann kann man sich auch aufeinander verlassen, dann werden die nicht wegen einer Lapalie kündigen oder gehen. Dann werden auch Konflikte auf gute Weise ausgefochten. Es ist wie mit der Liebe und der Treue.

63

Dr. Jalal, der Mediziner, ist auch ein solcher Glücksfall. Auch bei ihm habe ich Sicherheit. Wie sich zwei Leute in einem Land von 180 Millionen so finden können! Wir sind beide überzeugt, dass es Fügung war. Es gibt viele Gemeinsamkeiten zwischen mir und Dr. Jalal. Ich war so alt wie er heute ist, als ich in Pakistan anfing. Wenn wir zusammen sind, tut es uns beiden gut. Ich weiß, ich muss ihm die gleichen Dummheiten erlauben, die ich mir erlaubt habe.

Mit der NWFP (North-West Frontier Province) und Dr. Jalal – da könnte es klappen, sodass ich diese Sorgen, diese Verantwortung los bin. Dass ich da vielleicht nur noch zwischendurch hinkomme und frage, wo bist du jetzt, wie geht es dem Projekt, erzähl mir mal. Ich rege mich immer noch auf, wenn ich weiß, dass etwas nicht läuft, und dass die Patienten die Rechnung bezahlen. Wenn es aber „läuft", dann ist es leicht, abzugeben und zurückzustecken. Ich habe ja mit meinen schwächer werdenden Kräften noch andere Sachen zu tun.

Jalal ist Pathane. Geboren ist er in Banu, einem Ort an der Grenze zur FATA (Federal Adminstrated Tribal Area), jenem Stammesgebiet, in dem heute die afghanischen Taliban ihren Unterschlupf gefunden haben. Pathanen sind der Stamm, aus dem sich nach allgemeinem Vorurteil die Terroristen rekrutieren. Wie alle Verallgemeinerungen, trifft auch das nicht zu. Aber was sicherlich stimmt: Bei den Pathanen ist jeder sein eigener Meister, lauter selbstbewusste Individualisten, die nicht auf andere hören. Wie in Afghanistan. Auch dort mussten wir mit jedem einzelnen verhandeln. Weil Dr. Jalal selbst Pathane ist, kennt er die Mentalität seiner Landsleute und kann mit ihnen umgehen. Am Anfang sagte er: „Ich steige nur ein, wenn Sie mir garantieren, dass ich mich nur um die NWFP kümmern muss." Er ist angestellt auch für die Northern Area und Azad Kashmir. Keiner von uns hat sich je in der NWFP wirklich durchsetzen können. Und dabei ist das immer noch die Provinz, die die zweithöchste Anzahl von jährlich neuen Leprapatienten hat. Möglicherweise ist das ja nur die Spitze des Eisbergs.

Das MALC hatte eine Anzeige für diese medizinische Stelle geschaltet. Und wir brauchten auch dringend jemanden, denn das Projekt war in der Nordprovinz total am Boden. Alle sagten: Mit den Lepraassistenten in dieser Region kann man nicht arbeiten. Ich selber war seit zwei Jahren nicht mehr dort gewesen, ich schaffe es einfach nicht mehr. Es gibt keine an Lepra interessierten Ärzte in dieser Provinz, die Versorgung der Geschwüre lässt zu wünschen übrig. Schwierige Fälle muss man nach Karachi schicken – und das ist immerhin 2900 Kilometer entfernt. Und dann kommen sie hier an, und kein Mensch spricht ihr Puschtu …

Warum gerade Dr. Jalal sich gemeldet hat, in dem Moment, in dem er gemerkt hat, dass ich noch am Leben bin und er noch mit mir unterwegs sein kann? Er war vorher an der einen oder anderen Klinik. Das erste, was er mir sagte: „Dr. Pfau, geben Sie mir etwas zu tun."

Zwischen uns hat es „geklickt". Wir haben uns kaum gesehen, und ich habe ihn gefragt: „Kommen Sie mit nach Peshawar? Ich möchte Ihnen das Projekt zeigen." Er war sofort einverstanden, hat seine Sachen gepackt und war am nächsten Morgen bereit zur Abfahrt.

Dr. Jalal, der Pathane, liebt auch Mozart. Die „Kleine Nachtmusik" sagt er, habe ihm einmal das Leben gerettet, als er beim Militär drangsaliert wurde. Und er verehrt Beethoven. Wenn man mit ihm Auto fährt, kann es schon passieren, dass er mit Leidenschaft „Freude schöner Götterfunke" singt. Wenn er lächelt, kann ihm keiner widerstehen. Und er ist ein Mann, der mit seinen 33 Jahren eine Vision hat, was er mit seinem Leben anfangen will und wozu seine Ausbildung dient. Als ich so alt war wie er, habe ich angefangen, in Pakistan die Lepraarbeit über das ganze Land hinweg aufzubauen. Er will die Arbeit in die Zukunft führen. Auch eine Nachfolge. Er ist ein Geschenk des Himmels. Dr. Jalal stammt aus einer guten Familie. Als einer der besten seines Jahrgangs hatte er das Fulbrightstipendium für das Medizinstudium in Bangladesh gewonnen. Als er nach Pakistan zurückkam, zog es ihn nicht in eine der großen Kliniken, er wollte auch keine Karriere in einer spezialisierten Privatpraxis wie alle seine Studienkollegen. Bei dem ersten Besuch in der Provinz, für die er künftig als Mediziner die Verantwortung übernimmt, habe ich ihn noch begleitet. Als ich ihm angeboten habe, wiederzukommen, sagte er: „Nein, jetzt kann ich es alleine. Hören Sie auf, sich zu sorgen. Ich werde das Maximum geben. Wie Sie."

Nachdem wir uns intensiv in seinem künftigen Verantwortungsbereich umgesehen und zwei Wochen in Peshawar an der Frage gearbeitet haben: Was will und soll das MALC?, kann er allein weitermachen. Er ist voll eingestiegen. Zu dem Einführungsmeeting kamen alle, die er eingeladen hat. Den Mitarbeitern aus allen Teilen der Provinz sagte er bei dieser Sitzung: „Sie haben zusammen mit Dr.

Pfau das Lepraprogramm in kurzer Zeit von Null auf Hundert gebracht. Ich war noch gar nicht geboren, als Sie damit angefangen haben. Ihr ‚Hundert‘ ist mein ‚Punkt Null‘. Wir stehen heute vor ganz neuen Herausforderungen. Und ich möchte mit Ihnen zusammen bei der Lösung dieser neuen Probleme wieder auf ‚Hundert‘ kommen.“

Ich habe nur dabei gesessen. Und sie haben wichtige Entscheidungen getroffen.

Im Januar hatten wir uns zum ersten Mal gesehen. Im Februar war er dann schon einige Tage in Baluchistan. Eine harte Tour, in einer Gegend ohne Elektrizität und ohne Post, da waren weder Polizei noch Armee, natürlich auch kein Internetanschluss und kein Handynetz. Sie hatten nur ein paar Kanister Diesel dabei und eine auf dem Autodach befestigbare Solaranlage. Als er zurückkam, bedankte er sich bei mir: „Jetzt habe ich endlich das wirkliche Pakistan kennengelernt, ich habe gesehen, wie das Leben tatsächlich ist und wie Menschen leben – das hat mir auch einen neuen Blick auf mein eigenes Leben gegeben.“ Er ist den Familien begegnet, die in einem einzigen Raum, zusammen mit den Haustieren, leben, und ist jetzt überzeugt: „Wenn man sie als Arzt in dieser ihrer eigenen Umgebung behandelt, ist das etwas ganz anderes. Wir werden ihnen helfen können, ihr Verhalten zu ändern, und dann wird sich auch ihre Gesamtsituation, die hygienischen Umstände, die Ernährung etc. zum Guten ändern.

Dr. Jalal gehört zu dem Typ von Ärzten, die am Patienten als Menschen interessiert sind und sich nicht nur am Schreibtisch oder im Labor mit einer abstrakten Krankheit auseinandersetzen. Alle seine ehemaligen Mitstudenten haben Jobs in modernen Kliniken, fahren große Autos, leben in luxuriösen Wohungen. Er lässt sich nicht beirren, wenn sie ihn belächeln. „Glück", sagt er, „ist nicht Besitz, sondern: das Lächeln eines Menschen zu sehen und zu wissen, er ist glücklich durch dich, weil du ihm in irgendeiner Weise helfen konntest. Mensch ist, wer anderen hilft, wer über sich hinausgeht. Das kann anstrengen, aber es macht glücklich. Was nützt das luxuriöseste Bett, wenn ich nicht schlafen kann." Und wieder eines seiner Puschdu-Sprichwörter: „Wenn die Liebe stark ist, ist Schönheit nicht wichtig. Und wenn man wirklich Schlaf hat, dann braucht man kein Polster."

Jalal hat übrigens auch eine interessante Variante vom Leben nach dem Tod, nichts von den üblichen muslimischen Paradies- oder Höllenvorstellungen. Er hat sie jemandem erzählt, von dem ich sie hörte: „Am Tag des Jüngsten Gerichts wird es nicht um meine Taten gehen, nicht um das, was ich selber an Gutem oder weniger Gutem gemacht habe. Wer kann schon sagen, was gut und was schlecht ist? Was gut für die Familie war, hat vielleicht gerade anderen geschadet. Und Gott hat auch nicht alles in einem Buch meines Lebens aufgezeichnet. Das Urteil wird nicht von ihm, sondern von den Leuten getroffen werden, denen ich in meinem Leben begegnet bin, sie werden vor dem Ewigen Richter die Zeugen für oder gegen mich sein und sagen, was gut und was schlecht war von dem, was ich ihnen getan habe. Und darauf wird es letztlich ankommen: Wie sehr man andere unterstützt und ihnen geholfen hat." Ein Arzt mit einer solchen Haltung wird Menschen anders begegnen als ein Chefarzt, der primär an der Höhe seines Gehalts interessiert ist.

Dr. Jalal wird das Ganze unseres Projektes im Blick haben. Er ist einer, der Träume hat, und diese Träume mit seiner Arbeit für andere verbindet. Wer so träumt, für den ist es ein Glücksfall, wenn er versuchen kann, den Traum zu verwirklichen. Jalal hat mir versprochen: „In einem Jahr werde ich Ihnen die North-West Frontier Province als die beste im ganzen Land Pakistan zurückgeben. Ich werde aus dieser Provinz in einem Jahr ein Modellprogramm machen." Da kann ich nur sagen: Amen! So möge es sein!

Ich habe auch gehört, dass er zu Mitarbeitern hier im MALC gesagt hat: „Dr. Pfau kümmert sich noch viel zu viel um unsere Arbeit. Sie macht sich zu viele Sorgen um das Projekt. Das ist unsere eigene Schuld. Sie soll sich jetzt endlich zurücklehnen und sich über die Erfolge freuen dürfen. Wenn sie in die Provinzen fährt, dann soll sie das tun. Aber nur zu ihrem Vergnügen! Ohne Stress. Nur, um sich über die Erfolge zu freuen und Mitarbeiter aus alten Zeiten zu treffen und Erinnerungen darüber auszutauschen, wie spannend das früher alles war und wie erfolgreich alles verlaufen ist. Und wie spannend jetzt alles ist, und wie gut es auch jetzt aussieht! Und wenn sie einmal gehen wird, dann soll sie in Frieden und in Freude gehen können."

Auch dazu kann ich nur sagen: Amen! Sein Wunsch in Gottes Ohr!

6
Ausgrenzung und Menschenwürde

„Der Adler fürchtet den Sturm nicht. Er weiß, dass der ihn nur höher tragen kann." Dr. Jalal, dieser charmante, fröhliche, temperamentvolle und dynamische junge Arzt, ist ein Optimist. Er zitiert dieses Sprichwort aus seiner Heimat in Puschdu gerne, am liebsten seiner Muttersprache.

Dieser Dr. Jalal kam eben aus Hyderabad zurück, der Hauptstadt der Provinz Sindh. Jetzt ist er noch ganz verstört. Er erzählt mir von der Familie, die er gestern besucht hat, zeigt auch ein Video, das er auf seinem iPhone aufgenommen hat. Ein kleiner Raum für sechs Menschen. Der Vater verdient als Fahrer nicht viel, und die Hälfte des Lohns geht für diese primitive Wohnung drauf. Dr. Jalal hat die Mutter mit vier Kindern angetroffen. Ein Fall von Familienheirat: Alle vier Mädchen sind seit Geburt schwerstbehindert. Eine der Schwestern ist blind, nicht operabel, weil sie sich durch ständiges Schlagen auf die Augen selber schädigt und noch mehr leiden müsste, wenn man sie operieren würde. Die Kinder schreien, liegen am Boden, schlagen sich selber ständig, sind aggressiv. Die Mutter kümmert sich wie eine Heilige um sie, ist ständig um sie herum, mehrfach am Tag wäscht sie sie, füttert sie. Die Eltern waren bei Ärzten, alle haben sie aufgegeben. Sie haben einen Psychiater konsultiert. Ergebnis: multiple Diagnose mit irreversiblen Schäden. Als Dr. Jalal, begleitet von der regional zuständigen Lepraassistentin und dem

Fahrer in ihre Station zurückfuhr, konnte er nicht sprechen. Er konnte an diesem Tag auch nichts mehr unternehmen. Er wusste keine Lösung.

In vielen Familien gibt es das gleiche Problem: Meist mehrere Kinder leiden an Erbkrankheiten. Die Eltern haben innerhalb der Familie geheiratet. Was wir bereits jetzt leisten können und müssen und was den entscheidenden Erfolg bringen wird, ist Aufklärung. Wirkliche Erfolge werden nur langfristig möglich sein, wenn es uns gelungen ist, den Menschen klarzumachen, dass Verwandtenehen nicht sein dürfen.

Eine andere Geschichte hat mir gestern Almas erzählt, die sich im afghanischen Flüchtlingslager auch um die Sozialarbeit kümmert. Eine Geschichte, wie ich sie so noch nicht in Pakistan, wohl aber in Afghanistan erlebt hatte: Da hatte eine afghanische Familie ihre leprakranke Tochter auf eine Wallfahrt zu einem Sufi-Heiligen mitgenommen und gehofft, dieser Pir könnte heilen. Als er nicht half, haben sie die Kleine auf dem Rückweg einfach lebendig begraben. Die eigenen Eltern! Der Bruder dieses Mädchens, der später ebenfalls an Lepra erkrankte und auf abenteuerliche Weise geflohen ist, ist heute einer unserer Fahrer im MALC.

Das vier Monate alte Mädchen im Afghancamp, von dem Almas jetzt erzählt, ist behindert. Sie kann Urin und Stuhl nicht halten. Die Eltern haben ihre Tochter dann vor aller Augen rituell begraben, sie nackt ausgezogen und in einen Haufen Sand gelegt. Almas schlug vor, wir sollten das Kind behandeln: Die Reaktion des Vaters: „Nein! Es stirbt sowieso." Es ist wie am Anfang der Lepraarbeit: Das Stigma der Ausgrenzung.

Behinderung ist ein weites Feld, in den Symptomen ebenso vielfältig wie in den Auswirkungen. Klar ist nur: Dem Betroffenen nimmt Behinderung, ob es nun eine physische oder mentale Beeinträchtigung ist, seinen Selbstwert. Erst in Pakistan wurde mir wieder klar, wie erfolgreich Deutschland die Probleme der Behinderung anpackt: Der Betreuungsschlüssel ist großartig. Der Staat kommt für die Finanzierung auf. Für behinderte Kinder gibt es vielerorts bereits integrative Schulklassen. Beschützte Werkstätten erlauben es Schwerbehinderten, am Arbeitsprozess teilzunehmen. Hotels oder Gaststätten, die mit Behinderten arbeiten, werden von der Öffentlichkeit gut angenommen. Oder wenn ich an die Busse in Wiesbaden denke, in die Rollstühle quasi ebenerdig hineinfahren können. Und wenn öffentliche Gebäude keine behindertengerechten Rampen haben, gibt es Proteste, zu Recht. Behinderte, die unterwegs sind, haben nicht nur reduzierte Fahrpreise, sie dürfen auch eine Begleitperson kostenfrei mitnehmen. Die Behinderten haben auch eigene Interessenvertretungen.

Aber wir dürfen nicht vergessen: In einer Gesellschaft, die von dem Gedanken der Leistung und der Perfektionierung und der Selbstoptimierung getrieben ist, ist Behindertsein für viele immer noch ein Makel. Und auch in Deutschland war das nicht normal, was heute an Positivem passiert. Die Aktion der „Vernichtung unwerten Lebens" zählt zu den großen Verbrechen unserer Geschichte. Behindertes Leben wurde als lebensunwert stigmatisiert. Der deutsche Historiker Götz Aly, der diese Zeit detailliert untersucht hat, kam zu dem Schluss: Aussonderung und Missachtung können eine tödliche Konsequenz haben. Behinderte waren gegenüber den Mordabsichten der Nazis besonders schutzlos, wenn sich niemand um sie gekümmert hat, wenn sie nicht besucht wurden, wenn man nicht nach ihnen gefragt hat, wenn sie von allen abgeschrieben waren. Die deutsche Geschichte hat gezeigt: Behinderte brauchen Anwälte. Bei uns wie in Pakistan.

„Der Überfallene auf der Straße nach Jericho", das waren für uns in den letzten 35 Jahren die Leprapatienten in Pakistan. Auf diesem Weg haben wir unterwegs viele getroffen, die unsere Hilfe brauchten. Afghanische Flüchtlinge, von Überschwemmung und Erdbeben Betroffene, Mütter und Kinder, Tuberkulosepatienten. Und auch immer wieder Behinderte. Neue Entwicklungen im sozialen Bereich wurden oftmals von den Lepraassistenten mit angestoßen. Sie sind nah an den Menschen und den Brennpunkten der Probleme, dass sie darauf stoßen müssen. Diesmal kam der Impuls von vielen Seiten gleichzeitig: Es gab auch in der Folge von Lepra Schädigungen, Beeinträchtigungen und Behinderungen, die durch die Gesellschaft tabuisiert oder stigmatisiert waren, die die Teilhabe am Leben der Gesellschaft, auch in der Schule und im Beruf, und die Bewältigung des Alltags schon in der Familie erschwerten oder schier unmöglich machten. Aber solche gravierenden Behinderungen gab es nicht nur bei Lepra und ihren Folgen. Wir haben Behinderungen immer deutlicher als gesellschaftliches Problem erkannt.

Behinderungen verlangen natürlich einen besonderen Einsatz, zeitlich und emotional, von der ganzen Umgebung der Betroffenen, besonders auch von denen, die sich als Nächste um sie kümmern. Ein Beispiel aus unserem Außendienst: Ein „normaler" Leprapatient erhält seine Tablette. Dann kann der nächste kommen. Ein einziger behinderter Leprapatient kostet uns immer einen halben Tag: die Untersuchung, ob es Verschlimmerungen gibt, ob die Schuhe noch in Ordnung sind oder gar mit Nägeln repariert sind (Leprakranke spüren ja keinen Schmerz), die Notwendigkeit, der Familie beizubringen, wie sie sich bei einer Verletzung verhalten soll.

Gleichzeitig ein ganz anderer Aspekt: Die Lepra war unter Kontrolle. Stationen, die über 100 Leprapatienten hatten, hatten jetzt noch zwei oder drei – und wir konnten sie nicht schließen, denn auch diese drei mussten ja versorgt werden. Wir wollten zudem auch die Planstellen der Regierung nicht verlieren. Die Lepraassistenten kamen von selbst auf die Idee: Können wir uns nicht auch um die anderen kümmern? Ein Beispiel: Baluchistan. 2013, in einer sehr weit abgelegenen Station, in Lorelei, einer Gegend, wo es kaum Fachpersonal im Gesundheitsdienst gibt, hatten wir noch einen einzigen registrierten Leprapatienten. Und der Lepraassistent sagte: „Wenn Sie erlauben, dass wir auch Behinderte behandeln können, kann ich Ihnen sofort 22 nennen." Meine Antwort: „Heute Nachmittag fangen wir an." Seine Station war vom ersten Tag an überfüllt. Wir könnten gut und gerne schon die doppelte Anzahl aufnehmen.

Wir haben immer gesagt: Ein Lepraassistent kann 150 Patienten versorgen. Jetzt geht es um ganz andere Zahlen: Statistisch gesehen gab es 1,7 Leprakranke pro 1000 Einwohner. Bei der Behinderung sind es bis zu 15 pro 100.

PTOD heißt der Vorläufer des Behindertenprogramms: *Prevention and Treatment of Deformity*. Lepra ist Ursache für viele Behinderungen: Gehbehinderungen, Erblindungen, mangelnde soziale Akzeptanz. Wir konnten vielen Menschen helfen, als wir uns nach dem Erfolg im Lepraprogramm mit Tuberkulose versuchten. Inzwischen gibt es aber offizielle Regierungsprogramme dafür. Da fließt sehr viel Geld, nicht nur von den Regierungen, sondern auch aus dem Ausland. Und die Folge: prächtige Ausstattung, eindrucksvolle, repräsentative Büros, große Autos und Fuhrparks, noble Kliniken – und viel Geld, das oft nicht zu den betroffenen Menschen vor Ort und nicht selten in die falschen Kanäle kommt. Wir wollten in den Augen der betroffenen Menschen nicht in den Verdacht der Nähe zu Korruption oder anderen Machenschaften kommen.

Dr. Jalal wurde kürzlich bei einer Versammlung von Ärzten im staatlichen Gesundheitsdienst gefragt, ob er immer noch in dem kleinen, bescheidenen Büro in einer Seitenstraße ohne richtigen Parkplatz residieren würde. „Ja", hat er gesagt, „aber wir sitzen ja auch ganz selten in unseren Büros, wir kümmern uns vor Ort um die Menschen."

Wenn wir mit einem erweiterten Anspruch mit der Behandlung von Behinderungen neu anfangen, wird das auch interessant für unsere Lepraassistenten: Wir können auf ihrer Erfahrung aufbauen. Wenn sie auf einem neuen Feld statistisch nachweisbaren Erfolg haben, motiviert sie das auch. Zahlen allein sind es nie, im Zentrum steht immer der Mensch. Aber Statistik heißt auch: Ich kann einem anderen etwas zeigen. Deswegen hängen an den Wänden der Stationen immer auch die Zahlenreihen: So und so groß ist die Gesamtbevölkerung, so viele davon wurden untersucht, so viele sind in Behandlung, Anteil der Männer, Frauen, Kinder, so viele geheilt etc. Bislang wurden allerdings nur die gezählt, die offene Fußgeschwüre haben, nicht die, die andere Schäden haben, die sie behindern und in Gefahr bringen und die daher ebenfalls behandelt werden müssen. Ein Ulkus, also ein tief liegender Hautschaden heilt, aber wenn einmal der Knochen zerstört ist, dann werden diese Menschen ihr ganzes Leben mit dem Risiko leben müssen, dass die Komplikation wieder auftritt. Sie brauchen Spezialschuhe, dürfen nicht über längere Zeiträume stehen, nicht weit laufen …

Lepra ist heilbar. Progressive Muskellähmung als Folge einer genetischen Schädigung durch Erbkrankheit bei Verwandtenehen ist es nicht. Aber messbarer Erfolg ist auch da wichtig, gerade auch für Behinderungen schwerer Art. Wir haben uns an dieses Thema systematisch und konsequent erst gewagt, nachdem wir einen Weg gefunden hatten. Es gibt eine ganz einfache Liste, die Fortschritte, in ganz kleinen Schritten, besonders bei sehr schweren Behinderungen sichtbar macht. Wir haben eine von der Lilyana-Stiftung in Belgien entwickelte Methode übernommen, die mit Fragebögen arbeitet: Da wird mit einem einfachen Ja-oder-nein-Raster abgefragt, ob ein Kind mit anderen spielt, ob es sich selber anziehen kann, ob es selber die Toilette benutzt etc. Es geht nicht um Heilung. Ob ein Kind mit progressiver Muskellähmung lernt, den Löffel selber wieder zum Mund zu führen oder sich die Schuhe selber schnüren kann, das ist im Vergleich zur Schwere der Krankheit ein bescheidener Erfolg. Aber er ist messbar und nachweisbar – und es ist ein Gradmesser der Integration in das Alltagsleben, und sei sie noch so bescheiden. Es ist zudem eine Ermutigung für den Patienten, die Familie, den Lepraassistenten!

Letzter Besuch im Außendienst in Malir: Malir, eine der 18 Teilstädte Karachis, im Osten in der Nähe des Flughafens Jinnah gelegen, früher einmal das Erholungsgebiet der Stadt, heute selber eine Millionenstadt, wo die Einwohner zu 99 Prozent Muslime sind, wo aber auch eine kleine christliche Minderheit existiert. Da war dieser blinde Junge: Als ich kürzlich wieder in Malir war, ließ ich den Jungen holen. Wenn mir so etwas passiert, dass ich jemand, dem ich hätte helfen können, nicht geholfen habe, vielleicht auch nicht helfen konnte, dann habe ich ewig ein schlechtes Gewissen. Er war ein solcher Fall. Seine Familie stammt aus der christlichen Kolonie, direkt gegenüber unserer Außenstation. Als wir vor drei Jahren überlegt haben, ob wir in das Behindertenprogramm einsteigen könnten, ob das vielleicht sogar die Zukunft des Projekts sein könnte, haben wir diese Gegend systematisch durchkämmt, weil wir keine Ahnung hatten, welche Arten der Behinderung es dort geben könnte. In dieser Gegend gibt es eine christliche Gemeinschaft, vorwiegend Straßenkehrer aus der untersten gesellschaftlichen Schicht. Die Wohnung der Familie war derart furchtbar: Zwischen zwei Häusern über einem Schutthaufen hatten sie einen Raum gebaut, und als die Familie größer wurde, darüber noch mit einem Raum aufgestockt, dunkel, schlechte Luft. Fünf Personen lebten darin. Darunter die beiden von Geburt an blinden Kinder. Ein drittes Kind, Agnes, ist gesund, hat inzwischen auch mittlere Reife. Wir machten damals Pläne, um alle drei zu rehabilitieren: Ich schlug Agnes vor, sie solle behinderte Kinder und eben auch ihre Geschwister unterrichten. Die Schule, so versprach ich ihr, würden wir dann die „Agnes-Schule" nennen. Die Idee fanden alle herrlich. Aber daraus ist dann nichts geworden, weil die Eltern sich zurückzogen. Sie würden ihre behinderten Kinder niemals uns geben, wir würden sie doch nur an reiche Leute verkaufen, die sie dann zum Betteln brächten. Sie haben unser Team nicht einmal mehr herangelassen.

Wir haben die Bevölkerungsgruppe der Christen von Malir schließlich offiziell für rehabilitiert erklärt. Das waren 80 Prozent der gesamten Betroffenen. Die Familie des Blinden gehört zu den anderen 20 Prozent, denen wir regelmäßig Besuche anboten. Wir haben uns dann schwerpunktmäßig um die Balutschen in diesem Slum gekümmert, bei denen die Erbkrankheiten zugenommen haben. Unter Christen sind Familienheiraten verboten.

Jetzt tauchte der blinde Junge also wieder auf, inzwischen ist er über 20. Ich hatte ihn rufen lassen. Die Eltern hatten ihn nie aus dem Haus herausgelassen, aus Scham vermutlich: eine Familie, die auch keine Perspektive für die Zukunft entwickelt. Als wir nach dem Mädchen fragten und einen Rollstuhl angeboten haben, war der Vater dagegen. Aber er will sie nächste Woche bringen.

Solche Fälle sollte man nicht an Institutionen abgeben. Auch nicht an unsere. Man müsste die ganze Familie entwickeln, um eine Rehabilitation des Jungen zu ermöglichen. Wenn das klappt, in einem Land von knapp 200 Millionen Einwohnern, wird die zweite Generation sagen können: Schaut euch an, was geworden ist und was geworden wäre. Menschen wie Salam zum Beispiel, heute verantwortlich für die Lepraarbeit in Großkarachi, dessen Vater noch Leprabettler war, haben nicht nur ihre Familie, sondern auch ihren Stamm verändert. Sie haben auch so viel innere Freiheit, dass sie auch sagen können: „Mein Vater war Leprabettler."

Und das in Pakistan.

Es war wunderbar zu sehen, wie der Blinde auf einem Keybord anfing zu spielen, vorsichtig die ersten Tasten, dann die Tonleiter rauf und runter und dann andere Varianten. Er probierte alle möglichen Tasten aus, die Hände geführt von Schwester Margret. Für diesen blinden Jungen wäre vielleicht sogar die Rettung, dass er aus der Familie herauskommt. Er will ein Musikinstrument lernen. Wir kaufen ihm das Instrument, wenn wir wissen, wer es ihn lehrt. Davor hat er Angst. Er sagt, er habe Freunde, die Musik machen. Möglicherweise spielen ihm aber auch nur auf dem iPhone etwas vor.

Wir werden uns darum kümmern …

Nach dem blinden Jungen kam eine demente Frau, deren Klagen über ihren Sohn ich mir anhörte, dann die Mutter eines schwerbehinderten Kindes, die über ihre eigenen Leiden klagte. Es wurden immer mehr.

Während ich mich im Zentrum um Patienten kümmerte, ging das Team in die Slums und besuchte die Patienten. Ihre Häuser liegen alle nah beieinander. Grund: Es sind Verwandte.

Wir hatten einen Fall, der mich glücklich gemacht hat: Da war ein junges Paar, Cousin und Cousine ersten Grades, die schon verlobt waren und wo beide Elternteile die Hochzeit abgesagt haben. Zum Glück standen bei dieser

Hochzeit kein Geld und keine Felder auf dem Spiel. Gerade bei dieser Frage zeigt sich: Es hängt alles zusammen. In Azad Kashmir habe ich oft mit politisch Verantwortlichen gesprochen: Es müsste eigentlich das Erbrecht geändert werden, um diese Kette der Erbkrankheiten zu durchbrechen.

Seit wir das Behinderten-Rehabilitationsprogramm für ganz Pakistan eingeführt haben, ist es wieder dringender, dass ich für fachliche Auskünfte zur Verfügung stehe. Mit Ausnahme der Nordregion habe ich, vom Juni 2012 bis zum Herbst 2013 alle Provinzen besucht, um es zu initiieren und zu überwachen. Natürlich war ich, wegen meines Alters, nicht mehr zu Fuß unterwegs.

Ob das strapaziös war? Sicher! In Karachi zu sitzen ist aber noch anstrengender. Hier in einer Provinz kann ich mich auf ein Problemfeld konzentrieren; in Karachi konzentrieren sich alle Probleme des Projektes. Ich freue mich immer wieder auf Baluchistan, wo es noch Gebiete ohne Telefon und ohne Mobiltelefone gibt, keine Elektrizität (wir arbeiten dann mit kleinen Solaranlagen), die Hitze geht bis zu 50 Grad. Dort werden die neuen standardisierten Formulare für das Behindertenprogramm noch nicht verwendet. Deswegen würde ich da gern noch einmal hin. Zur Strapaze wird es für mich nur, wenn ich keine funktionierenden Toiletten vorfinde. Aber in den meisten Stationen sind die inzwischen eingerichtet.

Es gibt sogar heute in diesem über weite Strecken immer noch unerschlossenen Land Pakistan Gegenden, in denen wir noch nach Leprakranken suchen müssen. Aber das Wesentliche ist getan. Das allgemeine Behindertenprogramm stößt in neue Gebiete vor, es zieht den Vorhang weg vor einem dunklen Raum unserer Gesellschaft, in den keiner schauen mag. Es gibt in Pakistan natürlich immer noch Gebiete, in denen die Menschen glauben, dass Behinderung ein Fluch ist oder die Folge von Sünden der Eltern oder das Werk eines bösen Geistes und wo auch ausgeheilte Leprapatienten heute noch Schwierigkeiten haben, ihre Kinder zu verheiraten. Je nach dem Gebiet, in dem man arbeitet, und je nach der Schwere der Behinderung, um die es geht, gibt es auch da im gesellschaftlichen Umfeld die bekannten Vorurteile, die wir schon sehr lange, systematisch und sehr organisiert bearbeitet haben. Die werden wir weiter bearbeiten müssen.

Bei der großen Zahl der Behinderten in Pakistan haben wir jetzt ein weites Feld von Problemen vor uns: von physischen Beeinträchtigungen bis zu psychotischen Problemen. Jedes der Phänomene verlangt eine ganz andere Vorgehensweise und eine ganz unterschiedliche Behandlung. Darüber hatten sich unsere Mitarbeiter ja beklagt: „Wir müssen etwas tun, was wir gar nicht verstehen." Für Lepra waren sie die unbezweifelten Autoritäten. Was den Heilungsprozess angeht, mussten sie letztlich vor allem Tabletten ausgeben und darauf achten, dass die auch regelmäßig eingenommen wurden. Man mag in der Tat einwenden, dass wir für die neue Aufgabe noch nicht richtig ausgerüstet sind. Das stimmt wohl: Wir sind vielleicht nicht gerüstet. Aber wie kann man gerüstet sein, wenn man nicht anfängt, selbst etwas zu tun? Auch ich lerne jedes Mal dazu. Das ist die einzige Möglichkeit: ins Wasser zu springen. Wir müssen lernen, Informationsmaterial sammeln, Aufklärungsbroschüren erarbeiten und das Wissen verbreiten. Aber das ist normal, das war auch am Anfang der Lepraarbeit so. Wir haben uns immer auf Neues eingelassen. Erstaunlich, wie sie sich trotzdem zurechtfinden. Wie Salma. Amin, der erst alle Familienangehörigen angriff und den sie schließlich aus Verzweiflung in Ketten gelegt hatten, konnte wieder in die Arbeit gehen, ehe Salma die Diagnose „Schizophrenie" überhaupt wusste. Sie hatte einen Arztfreund um Rat gefragt und dann die Therapie eingeleitet.

Es wird Gegenwind geben. Vor allem die älteren Mitarbeiter sind verunsichert, ob sie das bewältigen können werden, was da neu auf sie zukommt. Dr. Jalal reagiert mit dem Sprichwort vom Adler, den der Sturm nur höher trägt, und geht mit Begeisterung an die neue Arbeit. Nach der ersten gemeinsamen Sitzung, bei der ich ihn eingeführt und allen vorgestellt habe, war die Akzeptanz der Mitarbeiter kein Problem mehr. Natürlich werden sie keine medizinischen Spezialisten werden. Er begeistert sie aber für sein neues Konzept, indem er selber das Maximum an Engagement gibt und viel Zeit investiert.

CBR heißt die Zauberformel: *Community Based Rehabilitation*. Es gibt für so etwas noch keine feste Ausbildung, aber es ist eine Vision. Das ist mehr als Sozialarbeit. Dahinter steckt auch ein spirituelles Konzept. Die muslimischen Mitarbeiter (die christlichen sollten es von Kindesbeinen an wissen) sollen den behinderten Menschen, die zum Teil deformierte Glieder, oder keine Arme mehr haben, eines nahebringen: Gott hat nicht Beine oder Arme oder Hände geschaffen, sondern Menschen, Menschen, die als Geschöpfe Respekt verdienen, so wie sie sind. Das sollen sie selber, aber auch ihre Familie, das

83

Dorf, die Gesellschaft lernen und verinnerlichen. Auch wenn die Mitarbeiter keine medizinischen Experten sind – sie werden beobachten, sondieren und das gesellschaftliche Umfeld verändern. Jeder Fall ist anders, und sie werden ein Gespür dafür entwickeln, wo Hilfe nötig ist. Und sie werden entsprechende Daten sammeln. Je mehr Erfahrung sie machen, desto mehr können sie lernen und dann auch besser direkt helfen. Natürlich geht es auch um ganz konkrete Hilfen: kleine Rollwägelchen für das Haus, die man mit den Händen auf dem flachen Boden bewegen kann, Hörgeräte, Rollstühle und ähnliches. Und dann wird natürlich das „Netzwerken" wichtig sein: die Vermittlung – an Spezialärzte, an Kliniken, an staatliche Institutionen.

Alles hängt mit allem zusammen: Das ist der Ausgangspunkt für dieses Entwicklungskonzept. Es geht von der Krankheit aus und zielt auf konkrete Hilfestellung. Aber eben auch auf Prävention. Es hat das Ganze, den ganzen Menschen, die ganze Gesellschaft im Blick. Dr. Jalals Traum ist, dass diese Arbeit nach einiger Zeit das gleiche Niveau hat, wie die Lepraarbeit es nach Jahren des Aufbaus hatte. Und am Ende soll es nicht nur um Gesundheitsfragen gehen, sondern auch um Erziehung, um soziale Themen, um Landwirtschaft, sogar um Viehzucht. Ich bin glücklich, dass Dr. Jalal träumt.

Wichtig ist am Anfang, Vertrauen aufzubauen und klarzumachen, dass wir helfen wollen.

Im Grunde geht es in den seltensten Fällen um medizinische „Heilung", sondern um Prophylaxe, damit keine weitere Verschlimmerung eintritt. Und das heißt: Verhaltensänderung, Trainieren und Einüben von Verhaltensweisen. Wir können Anstöße geben, zeigen, wie etwas geht, aber dann muss das zu Hause, in der Familie, in der Gemeinschaft weitergehen. *Community based* – das bedeutet ganz konkret, nicht nur dem einzelnen akut helfen, sondern auch die Gemeinschaft, in der sie leben, zu motivieren, ihre Verantwortung für die Schwächsten in ihren Reihen selber mit zu übernehmen. Dr. Jalal zum Beispiel ist in einem Dorf in die Nachbarschaft und hat die Nachbarn aufgefordert zu helfen. Er sagte ihnen: „Hier sind 100 Rupien. Das ist nicht viel. Ich komme 1000 Kilometer weit her und gebe das für den Kranken. Du bist sein Nachbar und solltest das gleiche geben. Nicht mehr." (100 Rupien sind weniger als ein Euro).

Man lernt bei jedem Versuch dazu. Jeder Patientenbesuch erweitert den Horizont. Was man selber erfahren hat, vergisst man nicht. Behinderte, mit denen wir in Karachi zu tun haben, sind in der Regel auch krank. 80 Prozent solcher Krankheiten können wir heilen. Ein kleines Mädchen, eine Dreijährige, wurde in unsere Station gebracht, weil sie seit einem Vierteljahr nicht mehr lief. Ich habe drei Stunden in im afghanischen Flüchtlingslager gesessen und mir überlegt, was dieses Kind haben könnte. Angeblich war das Kind bereits in einer Klinik vorgestellt worden und man hatte bei ihm ein Karzinom diagnostiziert. Das ist bei Dreijährigen extrem selten. Das konnte ich in der Außenstation ohne Labor- und Röntgenmöglichkeiten nicht abklären. Ich wusste nur: Dieses Mädchen wird in drei Tagen tot sein, wenn es nicht sofort behandelt wird. Sie hatte am Unterkörper Ödeme und war oben völlig ausgetrocknet. Normalerweise kommt das jeweilige Symptom bei unterernährten Kindern vor. Aber in aller

85

Regel nicht gleichzeitig. Wir arbeiten bei kleinen Kindern weitgehend mit der Gewichtskurve: Ein Kind wird monatlich gewogen. Das wird in vorgedruckte Kurven eingetragen. Wenn die Normkurve abrupt abbricht, muss man zuerst an Tuberkulose denken, oder es ist chronische Diarrhoe. Ich habe immer medizinische Fachliteratur dabei, wenn ich zu Patienten unterwegs bin und konnte so die möglichen Diagnosen eingrenzen. Da ich wusste, dass sie sicher sterben würde, wenn nichts passieren würde, habe ich sie einfach behandelt und bin von Unterernährung ausgegangen. Ich habe mein Bestes gegeben, um die Kleine in unser Krankenhaus zu bringen. Die Eltern haben sich geweigert. Der Vater war dagegen. Ich habe den Eltern klargemacht: Das Kind wird innerhalb von drei Tagen sterben, wenn es keine vernünftige Behandlung erfährt. Dann hat Almas der Mutter gezeigt, wie sie der Kleinen eiweißkonzentrierte Nahrung geben kann. Wir haben sie ihr natürlich auch bezahlt. Offensichtlich hat sie sie dem Kind dann doch nicht gegeben. Die Eltern haben das Mädchen sterben lassen.

Wir müssen nach Lösungen in solchen Fällen suchen – vielleicht indem wir mit anderen Organisationen kooperieren.

Bei den Besuchen des Außendienstes in den Familien der Kranken in Malir bringen wir uns regelmäßig auf den neuesten Stand. Alle drei Monate wird dokumentiert, ob sich der Zustand der Patienten verbessert hat, ob er gleich geblieben ist, oder ob es Rückschläge gab, ob die Vorgaben erreicht sind, und ob und wie viele der Patienten wir aus dem Programm entlassen können. Alle Informationen gehen im Dreimonatsabstand zu Iqbal, der die Statistiken interpretiert und die Trends auswertet, zunächst für Karachi, aber künftig auch für ganz Pakistan. Und dann die Geschichten. Unsere Lepraassistenten sind bis oben voller Geschichten. Sie sind wie Computer ohne Drucker. Sie wissen viel, haben auch alles gespeichert, aber sie erzählen diese Geschichten nicht. Es geht ja nicht nur um beliebige Geschichten, sondern in diesen Geschichten stecken ja auch Fakten, die die Statistiken erklären – und die kann man nur in Form von Geschichten weitergeben.

Ich kenne die meisten Fälle persönlich. Als wir das Programm in Malir begonnen haben, habe ich mit ihnen vor Ort gearbeitet. Die schlimmsten Arbeitsbedingungen! Man muss über Abwasserpfützen springen, manchmal über regelrechte Abwässerbäche, die die Seitengässchen überfluten, die Gassen sind eng, sowieso kaum passierbar. Die Toilettenabflüsse mischen sich mit dem Abwasser in den Seitengassen. Verrottete Wäscheteile im Dreck. Der Gestank und die Fliegen. …

Ein junger Patient, mit Muskelschwund bereits ans Bett gefesselt. Nachem wir seinem alten Vater erklärt haben, dass wir die Verschlimmerung der Krankheit durch Übungen aufhalten könnten, hat er aus Bambusrohren in dem winzigen Zimmer eine Art Laufstall gezimmert. Und sein Sohn übt mit unglaublicher Zähigkeit, jeden Tag. Ein anderer träumt davon, einen Laden aufzumachen. „Ich kann ja ruhig liegen, die Kunden suchen sich dann ihre Ware selber aus, ich sage ihnen den Preis." Wenn man die Läden sieht, die in der Straße sind, hält man das nicht mehr für unmöglich.

Das Wichtigste ist, diesen Menschen das Gefühl zu vermitteln, dass sie nicht vergessen sind. Und darüber hinaus, dass sie wichtig sind. Ihnen ihre Würde zu geben, zu zeigen, dass man sie wertschätzt, das war unsere Motivation von Anfang an. Muskeldystrophie, das ist das Schrecklichste, was ich mir an Krankheiten für mich vorstellen könnte. Am Ende kann man nicht mal mehr seinen Kopf bewegen, man ist bei allem auf Hilfe angewiesen. Und was macht man, wenn die Hilfe nicht kommt?

Die Mitarbeiter sind großartig. Das MALC-Team von Malir geht jeden Tag zu den Patienten. Besonders Sunny lieben sie alle, einen jungen Lepraassistenten, der Sohn eines schwerkranken Leprapatienten, der jetzt geheilt ist. Alle wollen von Sunny behandelt werden. Eigentlich heißt Sunny ja Houssain, nach einem schiitischen Märtyrer. Aber keiner nennt ihn so. Sie haben ihn „Sunny", den Sonnigen, genannt, und seither hören wir es quer durch Malir von unseren Patienten, „schickt mir bloß keinen anderen als Sunny!" Und Sunny lacht verschmitzt und sagt zur behinderten Rashida: „Jetzt sorg dich doch nicht, ich würde ja etwas vermissen, wenn ich dich am Mittwoch nicht sehen würde." Und Rashida setzt ihren ganzen Stolz ein, Sunny zu zeigen, welche neuen Fertigkeiten sie sich in dieser Woche erarbeitet hat! Dass wir nicht im Planen stecken geblieben sind, sondern angefangen haben, in kleinen Schritten eine Änderung einzuleiten, das ist der Erfolg.

Der Tag, an dem Dr. Jalal aus Hyderabad zurückgekommen war, war lang. Am Ende des Tages kam er noch einmal zu mir. Eine Lösung hat er immer noch nicht. Aber er wird erst einmal für die eine Tochter mit den geringsten Behinderungen eine Lösung außer Haus finden, um die

Mutter zu entlasten, damit sie sich nicht mehr um vier, sondern nur noch um drei Kinder kümmern muss. Das wird schon eine spürbare Hilfe sein. Er wird dann, sagt er, mit den Regierungsstellen sprechen, damit die Familie Zakat erhält, die muslimische Armensteuer, die bedürftige Menschen unterstützt. Er wird dafür sorgen, dass sie einen festen Zuschuss erhält, der es ihr erlaubt, eine größere Wohnung zu beziehen. Dann will er sich um die zweite Tochter kümmern und Unterstützung für sie suchen.

Alles der Reihe nach: Auch in Pakistan muss man einen Schritt nach dem anderen tun.

7
Land auf dem Pulverfass

Als ich vor über 50 Jahren nach Pakistan kam, war das ein Land jenseits der Meere und der Berge, Welten entfernt. Und es lag auch jenseits der konkreten Vorstellungen der meisten Europäer. Das kann man heute im Zuge der Globalisierung und der weltpolitischen Entwicklung so nicht mehr sagen. Nicht nur die Ökonomie, auch die Angst vor der islamistischen Gefahr hat die Welt zusammengeführt. Pakistan ist nähergerückt.

„Was wird mit Pakistan passieren?", werde ich oft gefragt. Wohin wird das Land sich entwickeln? Wenn ich oder irgendjemand anderes das wüsste! Wer über Pakistan reden will, gerät leicht in Klischees, aber die stimmen nie. Eindeutige Urteile sind sowieso nicht möglich. Oft genug gerate ich schnell in die Verteidigungsposition, wenn ich noch dazu sage, dass ich dieses Land trotz allem und noch immer liebe.

Ich liebe Pakistan wegen seiner Menschen. Menschen wie Brohi, ein glänzender Jurist, Justizminister in der Regierung, ein Sufi, der schon in der Gründung Pakistans eine wichtige Rolle spielte und in meinem Leben zu einem der engsten Gesprächspartner wurde. Und der leider viel zu früh gestorben ist. Oder die Patienten. Und natürlich das Team.

Und ich liebe dieses Land wegen seiner Schönheiten. Es gibt Stellen, an denen ich gern einmal Urlaub machen würde. Pakistan hat atemberaubend schöne Gebiete und unzerstörte Landschaften. Ich entsinne mich an Alpenwiesen, übersät mit Enzian und Alpenrosen. Oder an Edelweißhänge. Die Murmeltiere hatten gerade Junge bekommen, ich wollte sie zählen und es meiner Mutter schreiben. Bei 26 habe ich aufgegeben. …

Pakistan ist immer noch ein Land der Naturwunder: Der Küstenhighway nach Baluchistan mit abenteuerlichen Sandformationen – immer wieder unglaubliche Durchblicke auf das blaue Meer. Völlig unerschlossene, nahezu menschenleere Gebiete. Unberührte Landschaften, durch die man stundenlang fahren kann, ohne irgendjemanden zu treffen. In den Wäldern Azad Kashmirs findet man noch Trüffel, und wenn man über Muzzafarabad hinauskommt, kann man endlose Nadelwälder, Hochgebirge mit Gletschern, steile Abbrüche, Bergbäche und gigantische Wasserfälle entdecken. Oder die *Northern Areas*: Sie bieten im Herbst Farborgien gefärbter Bäume und im Frühjahr, wenn die Schneegrenze steigt, verschwenden die Mandelbäume ihre rosa Blüten …

Aber unschuldig waren auch die schönen Landschaften nie. Ich erinnere mich, es ist schon fast Jahrzehnte her: Wir waren auf dem Weg nach Omara in Baluchistan, als wir in dieser einsamen Landschaft auf eine Gruppe entkräfteter Menschen trafen. Sie stammten aus dem Punjab und hatten sich einem Menschenschmuggler anvertraut, weil sie auf eine bessere Zukunft in den arabischen Emiraten hofften. Jedem von ihnen hatte man 12.000 Rupien abgenommen, sie dann an der Küste von Baluchistan ins Land gekippt und ihnen gesagt, sie seien jetzt in Dubai. Keiner hatte etwas zu trinken.

Kürzlich hat mir jemand gesagt: „Ich habe Sie überhaupt nicht mehr entspannt gesehen." Ich kann nur antworten: „Ich wüsste nicht, wie ich mich entspannen sollte." Inzwischen hat das Negative das Schöne überlagert, die Balance ist gekippt. Wenn ich etwa an Swat denke, eine Gegend, die wir immer „unsere Schweiz" genannt haben: Aus Swat habe ich Tausende von Menschen fliehen sehen, die in der Folge in äußerstem Elend lebten, zusammengepfercht in Gebäuden ohne Toiletten, Kinder, die nicht spielen konnten und sich deswegen nur stritten und prügelten. Swat, diese wunderbare Gegend wurde in den letzten Jahren systematisch kaputtgemacht, im Säuberungskampf des Militärs gegen den Terror. „Säubern" ist ein euphemistisches Wort für Vertreibung und Vernichtung. Es ist ein anderes Wort für den strategischen Aufmarsch in der Fläche. Ein anderes Wort für Krieg gegen das eigene Volk, mit allen brutalen Konsequenzen, die ein solcher Krieg heute mit sich bringt. Gewalt ist Gegenwart in diesem Land. Und sie durchtränkt auch die Geschichte. Gewalt gehört zur Geschichte der Menschen und die Erinnerung daran ist immer präsent.

Es war an einem dieser wunderbaren Strände, vor Jahren schon. Ich saß eine lange Nacht mit einem pakistanischen Grenzsoldaten am Meer. Wir sprachen über das Land, und er erzählte mir seine eigene Geschichte. Sie spielte in Ostpakistan zu einer Zeit vor der Abspaltung von Bangladesch, als West- und Ostpakistan noch eine staatliche Einheit bildeten. Er war seit Jahrzehnten in Ostpakistan im Einsatz. „Ich hatte viele Freunde. Eines Abends sagte mir mein bester Freund: ,Versteck dich. Heute Nacht um zwei kann ich nicht garantieren, dass ich dich nicht umbringe.'

Und auf mein verständnisloses Nachfragen antwortete er nur: ‚Ich meine, was ich sage.'" Man hörte ihm den Schrecken noch an jenem Abend an: „Ernst genommen oder gar geglaubt habe ich das natürlich nicht. Aber ich wollte es auch nicht auf die leichte Schulter nehmen. Ich war alarmiert. Und in der Tat: Um zwei Uhr nachts gab es Alarm. Und es haben sich Menschen gegenseitig abgeschlachtet, die vorher die besten Freunde waren."

Das war das Pakistan von 1971. Und es war nur *ein* Akt in der von Gewalt geprägten Geschichte dieses Landes. Die Teilung zwischen dem Osten und dem Westen vollzog sich damals blutig und schrecklich. Pakistan im Westen hatte sich wie eine kriegerische Kolonialmacht benommen und auf die Bengalen im nicht so stark entwickelten Osten heruntergeschaut. Es gab dann aber die erste freie gesamtpakistanische Wahl, in der die ostpakistanische Awami-Partei mit fliegenden Fahnen gewann. Ihr Anführer Mujibur Rahman hätte auf demokratischem Weg die Macht im ganzen Land übernehmen sollen. Mit 55 Prozent der Gesamtbevölkerung hätte seine Partei die Mehrheit im pakistanischen Parlament beanspruchen können. Das wollte Bhutto, der Chef der *Pakistan People Party* (kurz PPP), verhindern und ließ die Armee im Ostteil des Landes einmarschieren: Ein Bürgerkrieg, der zum Unabhängigkeitskrieg wurde. Diesen Krieg hat Westpakistan verloren. Indien hatte in den Konflikt eingegriffen. Und erst durch die Vermittlung der UNO kam der Frieden zustande. Dieser Unabhängigkeitskrieg kostete drei Millionen Menschen aus Bangladesch das Leben, und mehr als 20 Millionen flohen nach Indien. Viele Inder sehen die unermessliche Zahl an Flüchtlingen nach Nordostindien noch heute als eigentlichen Grund für das indische Eingreifen in den Konflikt. Ab dem Frühjahr 1972 wurde Bangladesch nach und nach von der Mehrheit der Staatengemeinschaft anerkannt. Pakistan erkannte das Land im Februar 1974 an.

Schon die Gründung Pakistans nach dem Zweiten Weltkrieg und dem Abzug der Briten aus dem indischen Subkontinent war grauenhaft blutig verlaufen: Eine Geschichte gegenseitigen Hasses und Abschlachtens. Noch unter der britischen Herrschaft hatte die Furcht vor der Hinduvorherrschaft die indischen Muslime unter Jinnah (dem Gründer der Muslimliga in Indien) zur Idee eines eigenen Landes und einer eigenen Nation geführt. Der Kunstname „Pakistan" fasst die Namen der Provinzen zusammen, die eine Föderation bilden sollten: *P*unjab, *A*fghan Province, *K*ashmir, *S*indh und Baluchis*tan*. Pakistan sollte ein muslimisches Projekt werden. Und das, obwohl klar war, dass auch dann noch 40 Millionen Muslime in Indien bleiben würden. 1947 wurden Pakistan und Indien selbstständig, der indische Subkontinent war geteilt. Hindus und Sikhs flüchteten aus dem Gebiet des neuen Staates Pakistan. Umgekehrt strömten Muslime aus Indien nach Pakistan. Über 10 Millionen Menschen verloren damals ihre Heimat. Bis zu 80.000 Menschen überquerten in den ersten zwei Wochen nach der Unabhängigkeit täglich die Grenze im Punjab. Über diese Grenze gingen von beiden Seiten Züge, beladen mit verstümmelten Leichen: „Grüße aus Pakistan", stand auf den Waggons. Die anderen schrieben zurück: „Gruß aus Indien!" Plünderungen, Raub, Totschlag waren an der Tagesordnung: Als die Briten sich zurückzogen, wurde

95

schmutzige Wäsche gewaschen. Es gab in Pakistan wohl keinen Muslim, der in der Zeit der Teilung nicht mehrere Verwandte verloren hat. Noch in den 60er Jahren war der Eindruck dieser Gewaltperiode so stark, dass ein normaler Pakistani blass wurde und zu schwitzen anfing, wenn man von hinduistischen Indern sprach.

Natürlich beeinflusst die Politik auch unsere Arbeit. 1965, als ich schon im Land war, kam es zum zweiten Krieg mit Indien, dem Krieg um Kashmir. Die Inder kämpften mit englischen Panzern, die Pakistanis mit Waffen, die von ihren amerikanischen Verbündeten kamen. Durch diesen Konflikt kamen wir zwölf Jahre lang nicht an die Menschen heran, die dort in den Bergen lebten. Das sind nicht viele, aber da wurde klar und auch statistisch nachweisbar, welches Risiko man eingeht, wenn man sich nicht um die Kranken kümmern kann: Dann kommt die Lepra zurück. Politische Großereignisse wie kriegerische Auseinandersetzungen haben eine besonders dramatische Auswirkung auf Menschen.

Das brutale Morden in der Phase der Trennung hat sich später – von einzelnen Pogromen wie zum Beispiel dem antimuslimischen Massaker 2002 in Gujarat abgesehen – nicht wiederholt, obwohl immer noch 135 Millionen Muslime in Indien leben. Trotzdem: Das Trauma blieb. Wenn es stimmt, dass Indien heute nicht mehr so sehr an Pakistan interessiert sei, weil es sich von China bedroht fühlt (so wie Pakistan sich eher vor den USA als vor Indien fürchtet), dann wäre das für die beiden Atommächte gut, ließe aber wohl keine langfristigen Voraussagen zu.

Man kann sich natürlich fragen: Was wäre, wenn im damaligen Großindien Gandhi mit Jinnah zu einer Verständigung gekommen wäre? Und man kann durchaus zu der Einsicht gelangen, dass die Teilung Indiens und Pakistans sich hätte verhindern lassen. Bis heute reden Experten davon, dass etwa eine föderale Unionslösung möglich gewesen wäre. Und viele Inder und Pakistanis können bis heute nicht sagen, warum sie den jeweils anderen nicht mögen. Wieso sollte es also nicht möglich sein, dass sich das Verhältnis künftig so positiv entwickelt, wie es sich zwischen Deutschen und Franzosen nach einer langen Phase der Feindschaft und kriegerischer Aggression entwickelt hat? Als ich mit der ersten Studentendelegation aus Mainz nach dem Krieg in Paris war, hatten wir noch das Gefühl, im Feindesland zu sein. Kein Mensch käme heute mehr auf diese Idee.

Historisch zwangsläufig im Sinne eines unabwendbaren Schicksals war die Teilung des Subkontinents jedenfalls nicht, die unter so viel Gewalt und Leid vor sich ging. Was hat Nehru, was hat Jinnah angetrieben, sich so zu verhalten, wie sie sich verhalten haben? Es ist immer eine kleine Anzahl von Menschen, die solche Prozesse anstoßen und steuern, die eine Unzahl von Menschen ins Unglück stürzen. Aber das muss doch kein ehernes Gesetz sein, das für alle Zukunft gilt.

Und die Idee der Gewaltlosigkeit, die Gandhi vertrat, ist doch nicht grundsätzlich widerlegt – auch wenn sie in diesem geschichtlichen Moment gescheitert ist. Wenn wir heute in Deutschland die Idee der Gewaltlosigkeit hochhalten, dann ist das ja nicht vom Himmel gefallen, dann hat auch das seine geschichtlichen Wurzeln, da haben Menschen ihr Leben eingesetzt.

Ich träume nicht von einer friedlichen politischen Wiedervereinigung Pakistans mit Indien, noch nicht. Ich engagiere mich im Nahbereich. Jeder, der sich im Nahbereich friedlich verhält, trägt dazu bei, dass Gewaltfreiheit eine Chance bekommt. Geschichtliche Prozesse laufen ja nicht nach den Regeln der aufgeklärten Vernunft ab. Wenn aber bestimmte Entwicklungen ins Rollen kommen und Fahrt aufnehmen, kann man das kaum noch abbremsen. Was steht denn am Anfang von Gewaltausbrüchen? Da ist jemand der suggeriert, der andere sei minderwertig oder böse. Jemand, der Angst schürt.

Wenn man Pakistan heute ein „Pulverfass" nennt, dann meint das nicht nur die Grenzprobleme und das Gewaltpotenzial innerhalb der Gesellschaft, das jederzeit zum Ausbruch kommen könnte. Im Blick ist dabei auch, dass Pakistan, ebenso wie der alte Feind Indien, die Atombombe hat. Das Militär hat sich zwar bereiterklärt, die Atomwaffen an drei verschiedenen Stellen so zu deponieren, dass nicht einer allein sie zünden kann. Aber trotzdem spielt die Bombe im politischen Bewusstsein eine Rolle. Unter dem letzten Präsidenten wurden überall im Land sogenannte Bergdenkmäler aufgestellt: die Form eines Berges zusammen mit einer stilisierten Rakete. Sie erinnern an jene Berggegend in Baluchistan, in der die Bombentests durchgeführt wurden. Diese Denkmäler sollen Symbol der nationalen Macht sein und identitätsstiftend wirken. Man weiß aber auch, dass den Hirten in dieser Gegend heute noch aufgrund der radioaktiven Verseuchung das Vieh verendet. Auch der 2013 neu gewählte Präsident hält an den Plänen fest, die Atommacht weiter auszubauen. Auch er muss sich offensichtlich als jemand profilieren, der die Gewalt in der Hand hat. Vielleicht ist es die Angst vor Indien, vielleicht vor Afghanistan oder vor den Amerikanern. Vielleicht ist es aber auch nur eine Wikileak-Angst davor, dass Enthüllungen etwas bloßstellen könnten. Wenn man ihn als gefährlich einschätzt, verhindert das vielleicht, dass jemand sich zu sehr um seine Privatgeschäfte kümmert. Supermacht als Schutzschild der ängstlichen Psyche. Angst ist ein Zeichen von Schwäche.

Ahmed Shuja Pasha, der frühere Chef des Militärgeheimdienstes ISI, hat kürzlich in einem Beitrag in der internationalen Presse den Zustand des Lands ziemlich düster dargestellt und von einem „sehr schwachen, sehr ängstlichen Staat" gesprochen, von „Apathie auf allen Ebenen, in jedem Sektor des nationalen Lebens". „Jeder in unserer Elite ist käuflich." Ein hartes Urteil. Ich würde nicht sagen: Jeder. Ich kann allerdings die Leute mit Namen nennen, die in der Zeit, als ich in der NWFP gearbeitet habe, nicht käuflich waren. Viele waren es nicht.

Das Pakistan von heute ist ein anderes Pakistan als das, in das ich vor über 50 Jahren kam. Die Islamisierung seit 2001 ist ein neues Phänomen. Pakistan ist eine islamische Republik. Es wurde als muslimisches Projekt gegründet, in Abgrenzung vom hinduistischen Indien. Aber der Staatsgründer Jinnah wollte keinen „islamischen Staat", sondern einen „Staat für Muslime", in dem auch Hindus und Christen ihre Religion als Staatsbürger ausüben können sollten.

Das Militär, stark geprägt von der britischen Tradition, hatte früher eine zivilisierende Funktion in diesem Land.

Ich wünschte, es hätte sie noch. Aber auch die Militärs haben sich so daran gewöhnt, Geld zu machen und in die eigene Tasche zu wirtschaften, dass sie bei den Menschen ihre Ehre verloren haben. Die Parteien haben sie schon längst verloren. Die Militärs sind immer noch die größten Grundbesitzer des Landes und die Unternehmen der Generäle stellen 50 Prozent der Wirtschaftskraft. Wir hatten früher geglaubt, wir könnten auf das pakistanische Heer stolz sein. Wenn man heute vom Heer spricht, sagen die Menschen nur: „Guckt mal in ihre Taschen …"

Der südliche Teil des indischen Subkontinents hat das britische Regierungssystem geerbt. Der nördliche Teil, Pakistan, musste bei Null anfangen, um sich diese Infrastruktur aufzubauen. Man musste auf die Menschen zurückgreifen, die lesen und schreiben konnten. Das waren die Muhajirs, die aus Hindu-Indien kamen und heute in der Partei MQM (Muttahida Qaumi Movement) organisiert sind. MQM war anfangs meine Traumpartei, denn sie war der einzige bürgerliche Zusammenschluss und nicht von den finanzstarken Großgrundbesitzern und Industriellen dominiert. Später wurde sie jedoch zu einer mafiösen Terroristenpartei, die die grässlichsten Morde beging. Sie haben die Chance verspielt, als eine politisch integrierende Kraft der Mittelklasse anerkannt zu werden. Wenn in Karachi gemordet wird, denkt man nicht zuerst an die Taliban, sondern an MQM.

Viele, die heute in der Verwaltung des Staates sind, sitzen da nur aus politischen Gründen. Sie sind von Parteien, von Großgrundbesitzern oder von Unternehmern für solche Posten benannt, die so ihre Leute unterbringen; oder es sind ausgediente Soldaten, die nach dem Ausscheiden aus dem Dienst mit einer Stelle belohnt werden. Viele der Probleme, die Pakistan hat, sind alt: Da sind nicht nur die Feudalstrukturen. Wenige Clans und Familien regieren das Land und die Macht ist in den Händen von Großgrundbesitzern. Da gibt es auch Korruption und mangelnde Rechtssicherheit. Es gibt die ethnischen und die religiösen Spannungen, die allgegenwärtige Gewalt, mangelnde Demokratie.

Es gibt in Pakistan nicht nur deswegen keine Demokratie, weil das Militär nicht viel davon hält und weil die Regierung die Positionen nicht freigeben will, sondern auch weil Islam und Demokratie in der Vorstellung vieler gläubiger Muslime nicht kompatibel sind. Aber ich glaube nicht, dass die Mullanahs, also die muslimischen Prediger und ihre Anhänger, eine politische Zukunft in diesem Land haben. Da gibt es andere Kräfte. Dass man seine Identität im Islam sucht und findet – das hat mit den Mullanahs wenig zu tun. Die religiösen Führer des Landes hatten eine Phase, in der sie politisch wichtig waren. Und wenn es um die Mobilisierung der Massen gegen Amerika geht, spielen die Mullanahs natürlich auch weiter eine aktive Rolle. Aber bei den letzten Wahlen 2013 haben in der NWFP die Vertreter religiöser Parteien die früher gewonnenen Stimmen in einer haushohen Niederlage wieder verloren. Vor fünf Jahren gab es dort eine Mullanah-Mehrheitsregierung. In der Wahl von 2013 wurde die unerfahrenste, am meisten westlich orientierte Partei eines jungen Cricketstars gewählt, die die hungrige Jugend um sich sammelt: PTI (Pakistan Tehreek-e-Insaf, „Pakistan Movement for Justice"), eine Partei mit guten Ideen. Sie haben zum Beispiel das Recht auf Pressefreiheit gesetzlich ver-

101

ankert. Aber sie sind ohne Erfahrung. Und mit Idealen füttert man keine hungrigen Mägen. Nach drei Jahren werden auch sie wieder weggefegt werden, weil sich schon nach drei Monaten gezeigt hat, dass sie sich nicht durchsetzen können und keine wirtschaftlichen Ideen haben. Da die Provinzregierungen – außer in der Außen- und Verteidigungspolitik – faktisch für alle wichtigen Entscheidungen zuständig sind, droht hier ein neues Fiasko.

Zu den großen Unsicherheitsfaktoren, die sich unmittelbar auf unsere Arbeit auswirken, gehört auch der Krieg im eigenen Land. Der Auslöser ist immer derselbe: die Ausbildungslager der Taliban, die immer wieder verlegt werden und nicht genau lokalisierbar sind. Kämpfer und Zivilpersonen leben zudem in den gleichen Dörfern, zum Teil in den gleichen Familien. Von den Kindern, die in die Koranschulen geschickt wurden, sind immer auch einige bei den Taliban gelandet. Die Militär-Aktion des Staates gegen die Taliban im Swat war die erste. Aber die Aktionen gehen anderswo weiter. Im Moment versucht das Militär, die Nordregion zu säubern, wo die Afghanen hereinkommen.

Im Swat und in Buner hatten die Taliban de facto – mit der Legitimation der Gewehre – die Macht übernommen und die offizielle Regierung völlig in der Hand. Sie schlossen die Mädchenschulen, sie nahmen Zoll ein und haben die Scharia eingeführt, also das islamische Recht, das auch das gesamte politische, soziale, häusliche und individuelle Leben der Menschen nach religiösen Vorzeichen regelt und sanktioniert. Das Volk ist nicht mitgegangen. In Buner hat sich die Bevölkerung über weite Teile hinter das Militär gestellt. Woanders ist das schwer vorstellbar, denn die Taliban, das sind ja die Jungs aus dem Dorf. Man kann die Häuser nicht stürmen, weil dadurch die zivile Bevölkerung Schaden leiden würde. Es war wie früher schon im Afghanistankrieg, auch da wusste man nicht: Wer ist Kämpfer und wer gehört zur Zivilbevölkerung? Die Kämpfer kamen zur Erntezeit auf die Felder und die Zivilbevölkerung griff zu den Waffen, wenn es Angriffe gab. Das Militär sagte der Zivilbevölkerung: „Wir können für euer Leben nicht garantieren." Die Menschen sind daraufhin freiwillig geflüchtet, über Nacht, zu Fuß; es gab kaum etwas, das sie mit sich nehmen konnten. Das Militär hat die Taliban umgebracht, soweit sie ihrer habhaft werden konnten. Allerdings gab es auch das Angebot, dass willkommen sei, wer sich von den Taliban lossagen würde.

Auch hier berührte das politische Geschehen wieder unsere Arbeit: Als die Taliban schließlich verjagt waren, waren 2,6 Millionen Menschen auf der Flucht. Einige kamen bis nach Karachi, die meisten blieben aber in Mardan hängen und sammelten sich in dieser Gegend: Menschen, die versorgt werden mussten. Ich habe die Zivilbevölkerung sehr bewundert, die die ersten Flüchtlinge zunächst aufnahm. Menschen, die selber nur zwei Zimmer hatten, haben eines an die Flüchtlinge abgegeben. Wasser wurde geteilt, die Toiletten mussten mitbenutzt werden. Wenn sie vier Fladenbrote hatten, haben sie sie mit ihnen geteilt. Als plötzlich doppelt so viele Menschen da waren, hat die Regierung die Schulen geöffnet und die Räume als Notunterkünfte zur Verfügung gestellt. Es gab nicht genügend Toiletten, Kinder hatten keinen Platz zum Spielen und wurden krank.

Internally displaced People – so werden die Menschen genannt, die innerhalb des Landes geflüchtet sind und daher keinen offiziellen Flüchtlingsstatus haben, nicht in offiziellen Flüchtlingsstatistiken auftauchen und auch keine internationalen Unterstützungen bekommen, die Flüchtlinge sonst erhalten. Und erst jetzt, nach drei Jahren, wurde ihnen erlaubt, zurückzugehen.

Wir haben damals auch einen Malwettbewerb veranstaltet und den Kleinen gesagt: „Erzählt uns mal von eurer Flucht." Sie durften alles malen, was sie wollten. Es war sehr beeindruckend: Häuser mit Blumen und Tieren, und von oben ein Flugzeug, das bedrohlich über der Szene war.

Die meisten der Flüchtlinge aus der Nordprovinz kannten wir. Es hatte in diesen Gebieten so viel Lepra gegeben, dass wir seit Jahrzehnten dort im Einsatz waren. Die meisten Schulen hatten wir dort vorsichtshalber auch schon auf Lepra untersucht. Auch da waren wir also bekannt. Sogar unsere Angestellten waren jetzt plötzlich unter den Flüchtlingen.

Ich bin damals mit in diese ziemlich hoch gelegene Gegend gefahren. Wir haben Bettzeug und Lebensmittel als Überbrückung mitgebracht, bis die Mittel von den Regierungsstellen kamen. Um die Kinder hat sich niemand gekümmert. Spielzeug ist in der Katastrophenhilfe ganz wichtig. Ich habe das in Azad Kashmir erlebt. Dort war ein Mädchen mit Bauchkrämpfen – und das kann ja alles sein: Nierenstein, Blinddarmentzündung und so weiter, und ich konnte nichts herausfinden. Die Kleine hat mein „Diary" (mein Tagebuch) entdeckt und drehte sich plötzlich um: „Oh, Sie haben Bücher! Haben Sie mehr als das eine? Können Sie mir eines geben? Und noch eines für meinen Bruder?" Ich gab ihr diese kleinen Aufklärungsbroschüren für Tuberkulose, mit schönen Zeichnungen, und sie zog glücklich ab. Eine Möglichkeit, mit der Angst umzugehen.

Pakistan ist mir auch innerlich in mancher Hinsicht fremd geblieben, obwohl ich schon über 50 Jahre hier bin. Meine pakistanischen Freunde verstehen mich in mancher Hinsicht nicht, und ich verstehe sie nicht. Die kulturellen Muster sind so, dass ich sage: „Wir leben immer noch in anderen Welten." Ich meine jetzt nicht das Konzept der „Izad" – der Ehre. Wir würden das als Verständnis von Würde umschreiben. Oder den heiligen Wert der Gastfreundschaft, zu der gehört, dass man sie selbstverständlich auch Mördern erweist. Ich meine etwas anderes. Zwei Beispiele: Weder Lobo noch ich können sagen, ob das, was uns erzählt wird, Wahrheit ist oder nicht und ob wir bei einem kontroversen Punkt wirklich verstehen, was *eigentlich* gemeint ist. Ein Ja ist kein Ja und ein Nein ist kein Nein. Das ist ein Phänomen dieser Kultur: dass man einem Vorgesetzten nichts Negatives zumuten will und nichts Kritisches sagt, selbst wenn es die Wahrheit ist. Dass eine kontroverse Diskussion nicht zur Kultur gehört, dass abweichende Meinungen nicht ertragen werden – und auch nicht erwünscht sind. Ich sage bei der Beratung der Regierung offen, wenn etwas schiefläuft – ein Pakistani käme nie auf die Idee, sich so zu benehmen.

Oder etwas anderes, was eine tiefere Verständigung schwer macht: Der Westen ist geprägt von einer Schuldkultur. Pakistan dagegen hat eine Schamkultur. Ein Beispiel ist das Recht. Wenn es um Menschenrechtsverletzungen geht, kann ich nicht in der Sache argumentieren.

Es gibt auch nicht das Bewusstsein, dass da etwas nicht gut ist. Erst wenn ich die internationale Öffentlichkeit mobilisiere und auf die rechtliche Situation hier aufmerksam mache, geschieht etwas. Wenn man etwas verkehrt macht und keiner merkt es, ist das kein Problem. Sobald etwas öffentlich wird, wenn die Gefahr besteht, dass ich angesprochen werde, ist meine Ehre tangiert. In einem Menschenrechtsfall ist mir das klargeworden: Eine rechtliche Argumentation hätte nicht geholfen. Erst die Reaktion aus dem Ausland führte zum Ergebnis. Man will sich international nicht blamieren.

Wenn in einer Schuldkultur jemand erwischt wird, dann wird es peinlich. Aber auch wenn man nicht erwischt wird, hat man ein schlechtes Gewissen. In einer Schamkultur hat man nicht nur kein schlechtes Gewissen, sondern man hält im Gegenteil den anderen für den Dummen, weil er verloren hat. Als das neue Lepramedikament entwickelt war, wollte ich, dass wir im Gesundheitssystem von der Behandlung zur Kontrolle der Krankheit kämen. Zu diesem Zweck wurden einige Änderungen im System organisiert. Man musste zum Beispiel die Lepraassistenen nicht nur 10 Tage, sondern 14 Tage in den Außendienst schicken, die Betreuung des Fahrzeugsparks neu regeln und ähnliche Dinge. Dem *Health Secretary* (also dem Gesundheitsminister der NWFP) gefiel der von mir ausgearbeitete Vorschlag nicht, und er ließ mich mit der Ausrede abwimmeln, er sei nicht in Peshawar. Ich wollte mir diese offensichtliche Lüge nicht gefallen lassen und bin nach Islamabad gefahren, wo ich einen sehr guten Freund hatte, einen hohen Militär, der mich zum Berater der Zentralregierung machte und das auch gleich rundum kommunizierte. Als ich fünf Tage später wieder in Peshawar war, wurde die Tür aufgerissen, mein Vorschlag wurde als vorzüglich gepriesen. Man bewunderte mich nicht wegen meiner klugen Vorschläge, sondern nur, weil ich offensichtlich jemanden kannte, der mehr Einfluss hatte als der Minister.

Oft bin ich nur noch ratlos. Wie geht es weiter in Pakistan? Wenn ich gefragt werde: „Kennen sich die Pakistanis überhaupt noch selber aus?", dann kann ich nur antworten: „Haben wir das jemals getan?" Seit dem Afghanistankrieg ist es aber zunehmend schwieriger geworden. Wir in unserer geopolitischen Lage können doch sowieso nicht selber entscheiden, in den meisten Fällen wenigstens. Manchmal werde ich gefragt, ob das Leben in Pakistan heute gefährlicher sei als zuvor. Ich antworte meist: Vielleicht hin und wieder. Für mein Leben aber nicht. Wie gesagt: Wir leben unseren Alltag wie immer. Gefährlich ist es immer gewesen.

Wohin also steuert Pakistan? Das wissen wir alle nicht. Ich war gerade in Azad Kashmir, als damals unter Musharraf die Grenze einmal geöffnet wurde. Als der erste Bus aus dem indischen Gebiet über die Grenze kam, haben die Menschen in dem Dorf, in dem wir saßen, zur Feier des Tages Eiscreme verteilt. Warum sollten normale Dörfler das tun – wenn sie den anderen wirklich verteufeln würden? Inzwischen gibt es dort wieder Schießereien. Warum eigentlich? Es ist doch nicht so, dass vier Leute herumsitzen und es nur ein Fladenbrot gibt, um das man sich prügelt. Pakistanis und Inder, wir streiten uns doch um nichts. Warum sollten nicht alle einmal zur Vernunft kommen?

Meine Devise war immer: Weitermachen ist unsinnig. Aufhören ist noch unsinniger. Also machen wir weiter. Wie immer. Insgesamt konzentriere ich mich also auf den Nahbereich, in dem man (vielleicht hier und da) etwas erreichen kann. Das Vernünftigste ist doch, dass in unserem Projekt alle weiterarbeiten und etwas Sinnvolles tun. Das ist genug. Dass die Menschen noch Feste feiern können. Mit Luftballons und Papierschnee und Blüten, mit Rosenblättern, die gestreut werden. Und wenn ich zu Patienten unterwegs bin – an der Landschaft freue ich mich immer wieder neu.

Gerade kam Schwester Margret wieder. Sie hat mich gebeten, mir noch einmal einen Patienten anzusehen. In einem Fischerdorf am Meer. 35 Kilometer an der Küste entlang.

Eine wunderschöne Strecke. Ich freue mich schon darauf.

Morgen werden wir hinfahren.

8
„Gott hat unser Land vergessen"

Pakistan war immer schon ein von Katastrophen heimgesuchtes Land. Peshawar, heute eine Dreimillionenstadt an der Grenze zu Afghanistan, lag schon einmal, zu Zeiten der britischen Besatzung, völlig in Trümmern. In einer einzigen Nacht hatte ein Erdbeben damals die ganze Stadt zerstört. Auch Karachi liegt auf einer Erdbebenschwelle, und immer wieder gibt es kleine Beben, die den Boden zittern lassen. Nicht vorstellbar, was passieren würde, wenn sich hier ein großes Beben ereignete. Die letzten Nächte haben wir es gespürt. Die Erde in der Zwanzigmillionenstadt hat gezittert. „Sogar der Sessel, auf dem ich saß, hat vibriert. Die Angst ist erst in der Nacht aufgebrochen", sagt mir Claudia, die derzeit aus Wien hier ist und uns hilft. Auch sie hatte nachts die Kleider nicht ausgezogen, um – im Fall eines Falles – schnell bei den Kranken auf Station zu sein, die in der Klinik nebenan liegen. Das Epizentrum dieses Bebens war in Awaran, Baluchistan, 200 Kilometer von hier. Erst vor wenigen Tagen hatten wir eine andere Katastrophe erlebt: den Anschlag auf die Christen in Peshawar mit 280 Opfern. Für die Menschen im MALC ist sie jetzt schon wieder von diesem Erdbeben abgelöst.

Fateh kam gestern Vormittag vom Außendienst in Sindh zurück, um 16 Uhr fuhr er bereits weiter nach Baluchistan – nachdem wir uns kundig gemacht hatten: Der

109

Bazar in Jal Jao ist nicht zerstört, wir können also Lebensmittel dort einkaufen. Trinkwasser, Überlebenskekse, Streichhölzer, Medikamente nehmen wir von hier mit, Zelte müssen wir erst bestellen. Das Heer fliegt die ersten Hubschrauberflüge (die damals, beim Erdbeben in Azad Kashmir, unzähligen Verletzten das Leben gerettet haben). Der neue Erdstoß war so gewaltig, dass er etwa 600 Meter vor der Küste des Arabischen Meeres eine neue Insel entstehen ließ, 200 Meter lang, 20 Meter hoch und 100 Meter breit, das berichtete die Zeitung „Dawn".

Es ist derzeit zum Glück nachts noch nicht kalt in Awaran. 90 Prozent der Gebäude sind zerstört, über 300 Todesfälle gab es bislang, sie suchen noch im Schutt – zum Glück sind die meisten Häuser aus Lehm gebaut, und die Gegend ist dünn besiedelt, außerhalb der Kleinstadt Awaran. Es gibt keine Mobiltelefonverbindung. Auch für die Armee ist es nicht leicht, unter den weit verstreuten Mini-Siedlungen die Betroffenen zu finden: hier fünf Zelte, dort drei Hütten, dann vielleicht zehn. Da sind wir besser dran, wir kennen das Land.

Als wir in diesem Juni in Awaran waren, zwölf Jeepstunden von Karachi entfernt, sind wir am dritten Tag schon abgefahren, wir waren uns nicht sicher, ob sie uns nicht doch unseren Wagen mit Gewalt abnehmen würden. Und dann? Wir würden mitten in der Wüste von Baluchistan festsitzen. Awaran war immer für seine Gewaltbereitschaft bekannt, aber das heißt ja nicht, dass sie nicht Hilfe brauchen – auch dort sind Kinder, Mütter, Väter –, und dann sind da ja auch Gründe, warum gewisse Stämme von Straßenraub leben – leben müssen …

Ich kenne die Gegend. Schon 1971 war ich da gewesen. Baluchistan war für mich immer ein Abenteuer: Endlose, endlose Strecken durch Sand- und Steinwüste, man fuhr Radspuren nach. Straßen waren selten und wenn es sie gab, dann in schlechtem Zustand. Verkehr? Gelegentlich traf man einen Lastwagen. Verstreute Lehmhütten und Zelte der Ziegenhirten. Hin und wieder ein kleines Dorf um einen Bazar an der Straße. Nachts schliefen wir auf einer der Kokosmatten auf dem Boden vor einem Tee-laden im Bazar – hier traf man Reisende, hier konnte man Nachrichten austauschen. Das war Baluchistan von 1970 bis 1980, bis in die neunziger Jahre. In den letzten Jahren ist der Küstenstreifen entwickelt worden. Gwadar, damals noch ein verschlafenes Fischerdorf, wird derzeit zum Hafen ausgebaut. Eine Straße verbindet es mit Kara-chi, die die Fahrzeit von drei Tagen auf zehn Stunden re-duziert hat. Wenn sie dort keine Wasserprobleme hätten, wäre die Gegend schon explodiert – so entwickelt sie sich langsam, aber sie hatte sich entwickelt.

Und jetzt dieses Beben! Ich weiß, wie das ist: Wenn es ei-nem den Boden unter den Füßen wegzieht. Es ist eine Er-fahrung totalen Ausgesetztseins, totaler Ungeborgenheit. Damals 2005, in Azad Kashmir, habe ich es am eigenen Leib erlebt. Azad Kashmir, das letzte große Bebengebiet, war vor 2005 nie betroffen. Im Oktober 2005 aber starben bei dem Erdbeben der Stärke 7,6 in der zwischen Indien und Pakistan geteilten Region mehr als 86.000 Menschen. Die meisten Opfer waren in Pakistan zu beklagen. Ich war damals gerade in der Gegend, ich hielt mich in Gilgit auf. Ich hatte noch nie vorher ein richtiges Erdbeben erlebt. Jetzt spürte ich die Angst der Menschen. Zunächst wackelt nur mein Stuhl. Und dann merkte ich, dass der Berg herunterkam. Da wusste ich, dass das lebensgefährlich ist.

Dann hörte ich, das Epizentrum sei Muzaffarabad, die Hauptstadt von Azad Kashmir mit 300.000 Einwohnern. Da wollte ich hin. In dieser Region haben wir relativ viele Außenstationen, weil wir dort auch Tuberkulose flächendeckend behandeln. Mit dem letzten Flugzeug kamen wir noch aus Gilgit heraus, in die Hauptstadt Islamabad. Dort sagte man uns, alle Zufahrtstraßen ins Bebengebiet seien zerstört. Wir fuhren trotzdem mit dem Jeep los. Meine Mitschwester Almas hat mich begleitet. Wir brauchten einen ganzen Tag, um nach Muzaffarabad zu kommen. Als wir bei unserer Außenstation ausstiegen, packte mich das Entsetzen. Auch in unserer Station war kein Stein mehr auf dem anderen. Die Stadt sah aus wie Dresden nach dem Luftangriff.

In der Nähe der Stelle, wo unsere Station gestanden hatte, war ein großes Zelt, von der deutschen Bundeswehr aufgebaut. Die Soldaten konnten uns wenigstens Wasser geben. Die Quellen waren verschüttet. Dann fing es an zu regnen, aus allen Wolken, unaufhörlich. Einem unserer Mitarbeiter, der mit seinen fünf Kindern da war, gaben wir unser Zelt. Selber sind wir zum Schlafen zurück in den Jeep und haben auch die nächsten Nächte im Auto verbracht. Wir haben es immer so gehalten: Wenn etwas passiert ist, haben wir versucht, am nächsten Tag vor Ort zu sein. Nicht nur, um in der Nähe zu Menschen zu sein, sondern auch um zu sehen und zu entscheiden, was man tun konnte. Hier freilich konnte man gar nichts mehr tun.

Als die Lepraassistenten hörten, dass ich da sei, schlugen sie sich aus allen Teilen der Region zu uns durch. Und im Verlauf von zehn Tagen hatten wir das ganze Tuberkulose-programm wieder am Laufen, in Zelten. Die Zelte hatten wir vom deutschen und österreichischen Militär erhalten. Auf der Straße von Muzaffarabad hatte ich plötzlich eine Frau getroffen, die einen meiner Vorträge in Wien gehört hatte: Jetzt war sie ganz begeistert, mir helfen zu können. Und ich traf einige Tage darauf auch Lukas, den Vertreter der österreichischen Caritas, die uns ebenso unkompli-ziert wie das DAHW (Deutsche Lepra- und Tuberkulose-hilfe, bis 2003 „Deutsches Aussätzigen-Hilfswerk") Hilfe zusagte. Inzwischen hatte auch das MALC aus Karachi via Islamabad Zelte geschickt. Es gab auch andere Hilfs-organisationen, die alle mit mächtigen Bannern Werbung machten: „Donated by …". Mit Sicherheit sind viele von denen auf dem Weg hierher ausgeraubt worden.

Zunächst hatte eine andere Gefahr gedroht: Weil alle Zelte brauchten, wir aber welche hatten, wurden wir mit Gewehren bedroht. Wir zogen uns schließlich in den Bereich des deutschen Militärcamps zurück, wo Zelte geordnet ausgegeben und an die Bedürftigen ver-teilt wurden. Endlich sollte es dann auch warmes Essen geben. Ein ganzer Lastwagen mit Lebensmitteln war un-terwegs, die wir nur warm machen sollten. Endlich ein-mal auch für die Kinder etwas anderes als die Trocken-kekse der Deutschen. Dann stellte sich heraus: Es gab keine Streichhölzer. Entsetzen! Zum Glück fand sich dann im Jeep noch meine Meditationskerze, die ich mir am Morgen immer anzünde. Und für die gab es auch Streichhölzer: Es lohnt sich also doch, fromm zu sein, dachte ich. Seither sind Streichhölzer auf der Liste der lebensnotwendigen Dinge.

Es ging dann erst einmal um ganz elementare Dinge: Toiletten und Wasser. Kerzen. Die Soldaten bauten uns eine Not-Toilette: ein Loch im Boden und zur Wahrung der persönlichen Sphäre einen Sichtschutz. Später kamen dann über eine westliche Hilfsorganisation richtige Toiletten dazu. Wasser bekamen wir zum Glück auch von den Deutschen, die nicht nur mit sehr begehrten vakuumverpackten Esspaketen und Überlebensbisquits, sondern auch mit Unmengen kleiner Plastikflaschen mit Wasser ausgerüstet waren.

Was kann man in einer solchen Situation tun? Nichts, was das Elend wirklich besiegen würde. Wir können den Leidenden wirklich nur signalisieren: Wir sind mit euch. Ich hatte auch nichts dabei, wirklich nichts außer dem, was zufällig im Jeep lag. Wir holten uns eine Holzbank aus den Trümmern. Auf der haben wir gesessen. Ich habe nichts gesagt, und die Menschen, die alles verloren haben, Angehörige, Haus, ihr ärmliches Hab und Gut, haben nichts gesagt. Später habe ich erfahren, was es für sie bedeutet hat, dass ich überhaupt da war in dieser Situation totaler Hilflosigkeit. Dass ich dort nur dagesessen habe. Ich war fix und fertig.

In Azad Kashmir haben wir es intensiv erfahren: Wasser ist Leben. Aber Wasser kann auch todbringend und schrecklich sein. Vor Wasser habe ich Angst. Als Studentin, vor langen Jahren, geriet ich einmal im Rhein in einen Strudel und versuchte verzweifelt, wieder herauszukommen. Es ging nicht. Meine Freunde standen am Ufer und wussten nicht, wie es um mich stand – bis einer ins Wasser sprang und mich gerettet hat. Die nächste Nacht fuhren wir noch einmal an die Stelle, aber ich konnte nicht mehr ins Wasser gehen. Aber was ich bei der Flut in Pakistan erlebt habe, hatte noch einmal eine andere Dimension und eine unvorstellbare Gewalt.

Pakistan gehört zu den Ländern, die besonders unter den Konsequenzen des globalen Klimawandels zu leiden haben. 2012 war es bereits zum dritten Mal in Folge unter den drei weltweit am stärksten betroffenen Regionen. In den letzten Jahren ist es immer wieder zu schweren Überschwemmungen gekommen: Bei der schwersten Flut im Jahr 2010 standen rund 130.000 Quadratkilometer Pakistans unter Wasser – etwa ein Drittel der gesamten Fläche Deutschlands. 2000 Menschen haben ihr Leben verloren, mehr als 20 Millionen waren direkt von den Überschwemmungen und ihren Folgen betroffen. Das Elend der Flüchtlinge war so offensichtlich, dass man unmittelbar und ohne zu fragen helfen musste. Und das haben wir getan, wochenlang. Die Geschichten der Geflohenen waren so, dass wir sie, um einsatzfähig zu bleiben, nur in unseren Träumen zulassen konnten. Was mich aber am meisten empört hat: Ich hörte, 50 Prozent der Flutschäden hätten sich verhüten lassen, wenn nicht einflussreiche Großgrundbesitzer versucht hätten, ihr Land zu retten, indem sie Dämme gesprengt haben.

In der englischsprachigen Zeitung „Dawn", einem der wenigen zuverlässigen pakistanischen Medien, las ich, dass die Bevölkerung einen Großgrundbesitzer gerade noch davon abhalten konnte, den Damm zu durchstechen. Damit wäre die ganze Stadt Badin in Gefahr gewesen, überschwemmt zu werden. Ein Loch im Damm wird ja dann von den Fluten vergrößert, bis sich das Wasser sturzflutartig verbreitet. Die Polizei hat sogar eine Anzeige der Bevölkerung gegen den Großgrundbesitzer wegen dieses Verbrechens zugelassen (oft trauen sie sich das nicht). Und die zweite Meldung in „Dawn": Es dürfen keine Gerichtsverfahren angestrengt werden, um die Dammbrüche zu überprüfen, „weil die Regierung so viel zu tun hat, die Flüchtlinge zu versorgen". Es erinnerte mich alles so fatal an die Nazizeit. Weil sich keiner vorstellen konnte, dass das sich jemals ereignen könnte, wovon „die Gerüchte" sprachen, hat man es als Gerücht abgelegt und dann verschwiegen. Und seine ungestörte Ruhe bewahrt. Hier sind es die Feudalherren, die diese Verbrechen begehen. Und es sind Verbrechen. Wenn etwa eine unserer Mütter erzählt: Sie habe nur zwei Kinder tragen können, das Dritte sei auch noch zu klein, den Fluten zu widerstehen, es sei vor ihren Augen ertrunken.

2007 war schon die erste große Flut gewesen. Damals war ein Staudamm gebaut worden und die Menschen hatten gesagt: Der wird nicht halten, wenn es ernst wird. Das Wasser kam dann in der Tat nach Sindh und hat auch Baluchistan überschwemmt. Einer unserer Lepraassistenten hat drei Kinder. Er erzählte mir: „Ich habe die ganze Nacht zwei Kinder auf den Schultern gehabt und eines auf dem Arm getragen – und nur gehofft, dass der Pegel nicht weitersteigt. Als der Morgen kam und ich wieder etwas sehen konnte, bin ich auf den nächsten Hügel geklettert ..."

2012 trafen Monsunregen und Überschwemmungen Pakistan erneut. Die Zahl der betroffenen Opfer wurde mit

1,3 Millionen Personen angegeben. Die Caritas Pakistan
arbeitete rund um die Uhr, koordinierte Rettungseinsätze
und Katastrophenkomitees. Über 31.400 Häuser wurden
gänzlich zerstört und über 20.000 Häuser beschädigt.
Große Ackerflächen wurden durch den Regen vernichtet.
Zahlreiche Familien harrten noch Wochen nach der Flut
unter freiem Himmel aus. Es ist ja nicht das Wasser allein.
In der Folge der Fluten steigen die Gesundheitsrisiken
durch verschmutztes Wasser und zerstörte sanitäre Anla-
gen. Mit Keimen angereicherter Schlick und die Kontami-
nierung von Trinkwasserreservoirs birgt bei jeder Flut
hohe gesundheitliche Risiken besonders für arme Menschen. Denn wer der Flut entkommen konnte, dem wurde
in der Regel auf einen Schlag die Lebensgrundlage entzogen. Zelte, Lebensmittel, sauberes Trinkwasser, Kleidung
und Haushaltsgegenstände müssen organisiert werden,
die medizinische Versorgung muss gewährleistet sein.
Erst langsam, wenn die größte Not überwunden ist, wird
sich ein wenig Normalität im Ausnahmezustand einstel-
len. Über Jahre aber ziehen sich die Anstrengungen hin,
Häuser, Dörfer, Schulen und Verkehrswege wieder aufzubauen und brachliegendes Land wieder zu bestellen.
Wichtig dabei ist, sich gegen künftige Katastrophen besser
zu wappnen.

Ich bin damals, als die Flut 2011 losbrach, in die betroffene Region gefahren. Auf dieser Fahrt mussten wir einen
reißenden Fluss durchqueren. Da hatte ich wirklich
Angst. Man wusste nie, ob das wirklich eine Furt war,
also eine Untiefe, die mit dem Wagen passierbar ist. Damals mussten wir uns – auf dem Hinweg, aber auch auf
der Rückfahrt – einen Bagger ausleihen, der uns hinüber-

zog. Zum Glück kennt mein Team jeden unter der Sonne in dieser Gegend. Wir hatten also Glück. Als wir ankamen, war das Wasser schon wieder abgezogen. Es bot sich ein Bild der Verwüstung: Bilder, die man in Deutschland aus der Zeit der Bombenangriffe kannte. Wir fuhren weiter.

Und dann in Sindh: Dort war das Wasser noch nicht abgelaufen. Wasser überall, bis zum Horizont. Rechts und links und hier und da. Überall. Wie das Meer. Wasserwüste. Ohne Ende. Wir mussten weiter und hatten nur die Möglichkeit, auf dem erhöhten Bahndamm zu fahren. Wir wussten aber nicht, wann der nächste Zug kommen würde. Wenn man einmal oben auf dem Bahndamm war, konnte man auch nicht mehr herunter. Ringsum war ja nur Wasser. Der nächste Zug ist Gottseidank nicht gekommen. Aber es war die scheußlichste Fahrt meines Lebens.

Dann wieder in Baluchistan: Ich war im Jahr 2013 zwei Wochen lang dort, zusammen mit Fateh und Almas. Die Menschen, die von dieser Flut betroffen waren, sitzen nach zwei Jahren noch nicht einmal unter Zelten, sondern immer noch unter Planen. Auf die Frage, was sie am dringendsten brauchen, sagten sie: „Zelte." Wir haben also Zelte geschickt. Von der Regierung war nichts zu erhalten. Baluchistan ist bekannt durch immer neue Terrorakte. Die Regierung in dieser Provinz dort hat deswegen auch keine Unterstützung von auswärts. In diese Gegend geht auch niemand. Die Gewalt der Flut ließ die Menschen fliehen. Eine neue Flut des Elends, die sich wieder über Karachi ergoss.

Wie viel Empathie kann man sich leisten? Wie weit kann man es sich andererseits leisten, nicht mit Empathie zu reagieren? Mich haben diese Bilder und Schicksale immer bis in die Nächte verfolgt. Jedes Mal stemmt man sich gegen diese Flut des Elends, und sagt sich abends, wenn man total erschöpft ins Bett sinkt: „Was haben wir eigentlich erreicht?"

In Karachi hat die Stadtverwaltung ihr Bestes getan – nur sind in diesen unübersehbaren Camps (9000 Menschen auf einem Platz zusammengepfercht) Reibereien unvermeidlich. Viele Familien waren froh, wenn sie bei Bekannten und Verwandten unterschlüpfen konnten – die dann ihr Fladenbrot noch einmal teilen müssen, und viele von ihnen haben sowieso nur eine Mahlzeit am Tage, und auch nur einen Raum. Wir stellten Zelte auf, verteilten Lebensmittel, um vor der Frage zu stehen, wie eine Mahlzeit kochen? Um Adamgoth und Pattanigoth gibt es zum Glück noch genügend Büsche in der Steppe, die Kinder zerren die dornigen Zweige zum Zelt. In Fakhiragoth gab uns Bashir, der dort ein Haus gebaut hat, einen Anschluss an seine Gasversorgung, ein Rohr, mit dem wir durch ein Loch in der Mauer seine Kochmöglichkeiten mit dem Camp verbanden. Für die Toiletten hatten wir noch keine Lösung. Kein Wunder, dass die Kinder Durchfallerkrankungen hatten. Wie viele Patienten habe ich damals an einem Tag gesehen? Wenn wir erschöpft am Abend wieder ins Krankenhaus kamen, konnte ich mich nicht mehr entsinnen, wen ich eigentlich behandelt habe.

Nur einige Schicksale graben sich unserem Gedächtnis ein. Fatima Bibi. Sie kommt mit dreien ihrer Kinder zu der Notsprechstunde in Adamgoth. Was die Kinder hätten?, frage ich (und brauche auch dazu einen Übersetzer, Brohi und Sindhi spreche ich nicht). „Ach", sagt sie, „krank sind die Kinder nicht, nur hungrig." Kamla, verhärmt und offensichtlich total erschöpft. Sie hat sich auf der Flucht den Arm gebrochen – und hat trotzdem zwei ihrer Kinder noch aus der Flut gerettet. Wir nahmen sie ins Krankenhaus mit, für ein Röntgenbild. Sobald sie auf dem Untersuchungsbett lag, schlief sie noch während der Anamnese ein. Zaffar hat es bis zur Mittleren Reife geschafft, die Papiere sind weggeschwemmt. Er hat einen Beckenbruch, er sorgt sich trotzdem um seinen Bruder, der eine Oberschenkelfraktur hat. Der Arzt hat gesagt, 2000 Rupien müssten sie zahlen, das wären seine Unkosten während der Operation. Wir verschaffen ihm die Summe.

In Manghopir ist es ein bisschen leichter. Die Familien nehmen die Flüchtlinge auf. Ein Regierungskrankenhaus funktioniert. Wir mussten die Familien also nur mit Lebensmitteln versorgen. Im Durchschnitt hat jede Familie fünf Kinder. Dann Adamgoth: Die Familien sind nur mit dem, was sie auf dem Leibe tragen, entkommen. „Die Flut", sagten sie, „stieg so rapide, dass wir nur unsere Kinder am Arm packen und nach einem etwas höher gelegenen Platz schauen konnten." Jetzt waren sie nach fünf Tagen Flucht in Karachi angekommen. „Wir würden ja so gern die Sachen waschen", sagten die Frauen, „aber wir wissen nicht, was wir anziehen können, bis sie wieder trocken sind." Wir haben dann allen Männern den Eintritt in die Gesundheitsstation verboten und genügend Bettücher gesammelt, Wasser haben wir genug. Welch ein

120

Jauchzen und Geplantsche! Wer hätte gedacht, dass ein Badetag ins Notfallprogramm gehört? Wir haben dann beschlossen, Badewannen zu kaufen!

In Khamisagoth hat Aqsa das Frühstücksproblem gelöst, indem wir morgens allen Kindern eine Tasse Tee und Milch und Weißbrotscheiben anbieten. Solch ein Geschnatter in aller Frühe! Wenn die Kinder abgezogen waren, begann die Sprechstunde. Ob die Kinder geimpft seien?, fragte ich. In allen Camps die gleiche Antwort: zehn Prozent, nicht mehr. Und das, obwohl die nationale Impfkampagne im zwölften Jahr läuft. Also: am nächsten Tag einen Impftag einrichten, Durchfälle, Unterernährung, Hautinfektionen, Bindehaut-Entzündungen – man kommt sich so hilflos vor. Und immer wieder die Geschichten: wie das Wasser kam – und sie ihre Kinder an sich rissen und knietief, hüfttief durch das Wasser gewatet seien, zu einer Anhöhe, während sie Allah angerufen hätten, ihnen doch die Kraft zu geben, nur so weit, gerade so weit noch durchzuhalten.

Was die Flüchtlinge am meisten brauchten? Dass sich jemand zu ihnen setzt und zuhört, dass die Kinder „Flucht vor dem Wasser" spielen könnten, und so über das Trauma kommen, dass sie Schulmöglichkeiten hätten: Rehabilitationsträume. Was diese Kinder am meisten brauchten? Eine Familie. Dass der Vater wieder zur Familie stößt, der Frauen und Kindern die erste Fluchtmöglichkeit gegeben hat. Dass die Flut nicht jede Sicherheit weggerissen hat, dass Vater, Mutter gesund sind, mit ihnen vereint. Dann: Impfungen. Nahrung. Ein Zelt über dem Kopf. Und wir träumten damals davon, und immer noch träumen wir davon, wie es wäre, wenn das Leben wieder normal wäre ...

Immer noch steht das Gesicht von Alamgir vor meinen Augen. Ein verzweifeltes Gesicht. „Das ist das dritte Mal, dass wir alles verloren haben", sagt sie. Ich weiß, es ist nicht viel. Was besitzt ein landloser Landarbeiter von Sindh schon? Aber wenn es „alles" ist – dann ist es alles.

Ich bin auf Visite. Alamgir hat sich auf der Flucht eine komplizierte Verletzung seines von der Lepra betroffenen Fußes zugezogen. Wir haben ihn stationär aufgenommen. „Schlimmer kann es ja doch kaum werden", sagt die junge Stationsschwester, die mit mir an Alamgirs Bett steht. „Es wird besser werden." „Nein", sagt Alamgir, „es wird nicht besser." „Woher weißt du das?", fragt Schwester Alvina. „Gott hat sich von Pakistan abgewandt", sagt Alamgir. „Das kann jeder sehen, der es sehen will. Und wir haben es selbst verschuldet." Alttestamentliche Argumentation. Abgrund der Verzweiflung, angesichts der immer neuen Katastrophen ...

Was können wir tun? Letztlich nichts anders, als bei diesen Menschen zu bleiben. Und darauf hinwirken, dass dieses Leid verhindert wird, und die Ursachen angehen.

Nach „lieben" sei „helfen" das zweitschönste Wort unserer Sprache, hat jemand einmal gesagt.

Helfen heißt: Leben ermöglichen.

9
Leben ermöglichen

Wir könnten unsere Hilfe in den Katastrophengebieten nicht leisten, wenn Menschen nicht spenden würden. In unserem Krankenhaus werden die Kranken kostenlos behandelt. Wir verdienen nichts. Wer den Armen dient, kann nicht verdienen – und braucht doch Mittel, und muss doch leben. Ohne die Hilfe anderer könnte unser Projekt nicht überleben. Wenn es nicht Menschen in Deutschland, Österreich und der Schweiz gäbe, die sich angesprochen fühlen, könnten wir unsere Arbeit nicht tun. 60 Prozent unseres Etats kommt aus diesen Ländern: vom DAHW, von der Caritas, von einem Freundeskreis, von privaten Spendern.

Wir hatten gerade wieder einmal, wie so oft, zusammengesessen und überlegt, wie wir den Kindern der Hindusiedlung eine warme Mahlzeit am Tage geben könnten. Wir arbeiten mit 300 Hindufamilien zusammen, die in äußerster Not waren – so sehr, dass sie nichts dagegen tun konnten, wenn der Großgrundbesitzer von ihnen verlangte, dass sie ihre Tochter ihrem Sohn zur Entjungferung ausliefern sollten, um ihre Schulden zu bezahlen. Und wenn eine Familie dann floh und in Karachi untertauchte, waren sie in Lebensgefahr, wenn sie aufgespürt wurden – bis wir davon erfuhren und uns dazwischenstellen konnten. Unter ihren Kindern sind 600 im schulpflichtigen Alter und nur 40 gehen zur Schule, obwohl wir den Schulunterricht kostenfrei anbieten. Für gewöhnlich helfen die Kinder vormittags auf dem Gemüsemarkt mit, damit die Familie überleben kann. Schule? Davon können nur die Reichen träumen. Wir haben also eine Nachmittagsschule eingerichtet. Aber wir können die Kinder nicht recht zum Mitspielen, Mitlernen, Mitentdecken bringen. Der Grund? Sie haben morgens eine Tasse Tee zum Frühstück gehabt, und das nächste Essen bekommen sie erst am Abend, wenn die Mutter von der Arbeit zurück ist. Was sollen sie in den langen Nachmittagstunden tun? Schlafen …

Wenn wir ihnen einen Teller Reis mit Hülsenfrüchten geben könnten, wenn die Schule beginnt, sähe alles ganz anders aus! Aber das können wir nur mit Spenden tun.

Um Spender zu motivieren, braucht es Öffentlichkeit. Ich hatte mich also dazu überreden lassen, zur Verleihung eines Medienpreises nach Deutschland zu kommen, zum „Bambi-Event" eines Medienkonzerns. Kategorie „Stille Helden". Ich war gekommen, weil man mir gesagt hatte, wie wichtig gerade die Öffentlichkeit ist und wie wichtig es ist, dass die Menschen hierzulande auch übers Fernsehen erfahren, was unsere Wirklichkeit ist, eine Realität, die parallel zu der ihrigen existiert. Man hatte alles getan und hätte noch mit den Füßen gewackelt, nur damit ich teilnahm, trotz meiner Bedenken. Was ich sah: eine Versammlung der Reichen und eine Welt des Glamours. Still wollte ich nicht sein, und ich habe den Menschen im Saal dann ganz offen gesagt: „Ihre Welt ist nicht meine Welt." Die Reaktion der Leute im Saal, so kam es mir vor, war total verrückt. Es gab Tränen, Ovationen, sie standen auf den Stühlen. Offensichtlich waren sie berührt. Und dann:

Ich hatte dem Veranstalter, der das Geld für dieses Fest gibt, gesagt: „Ich bräuchte dringend Geld für eine Schulspeisung unterernährter Kinder."

Es gab keine Reaktion. Nie.

Alles nur Show?

Unsere Realität: Nur 40 Prozent der Spenden kommen aus Pakistan. Diesen Anteil müssen wir erhöhen, um langfristig unsere Existenz zu sichern. Heute wurde ich in eine Sitzung mit Aziz gerufen. Es wurde ein Film über unsere Arbeit gezeigt und diskutiert, den er mit Hilfe eines Sponsors in Auftrag gegeben hatte. Er soll Spender in Pakistan davon überzeugen, unsere Arbeit zu unterstützen. Aziz ist einer von den smarten Pakistanis, die man auch in London oder in New York finden kann, die mit der Welt des Big Business vertraut sind. Unser Aufsichtsrat hat ihn uns als Berater in Fragen der Öffentlichkeitsarbeit und für das Thema Fundraising, also für das Einwerben von Spenden, empfohlen. Es ist eine kontroverse Diskussion. Aziz redet Klartext und versucht uns zu erklären, wie diese Leute ticken, auf deren Hilfe wir angewiesen sind. Sie wollen ihre Marke mit einem Produkt verbinden, das Glanz auf ihr Geschäft wirft. Warum sollten sie gerade uns helfen? Es gibt zahlreiche andere Institutionen, die ebenfalls um ihr Geld werben. Diejenigen, die darüber entscheiden, sind knallhart. Sie werden uns nicht unterstützen, nur weil wir Gutes tun. „Sie fragen: Was haben wir davon? Sie brauchen Fakten, Zahlen, Perspektiven, Erfolgskurven", macht Aziz klar. „Erfolgreiche wollen nichts von Leid hören, sie wollen sich mit anderen Erfolgreichen verbünden und ihr soziales Image aufpolieren, damit ihr eigener Erfolg auf dem Markt noch durchschlagender wird. Sie wollen, dass von der Hingabe in MALC auch ein Licht auf sie fällt." Und: „Wir müssen sie andererseits auch bei ihrer Ehre packen", sagt Aziz. Pakistan hat eine Schamkultur. Die Devise muss also sein, ihnen klarzumachen: *Shame on us*, Schande über uns, dass so etwas in *unserem* Land passiert. Die Fakten müssen mit ihrem Selbstverständnis als erfolgreiche pakistanische Unternehmer in Verbindung gebracht werden. Lepra ist ja die Infektionskrankheit, die das meiste soziale Leid verursacht. Und Tuberkulose die Infektionskrankheit, die die meisten Todesfälle verursacht. Wie kann es sein, dass ein Land, in dem diese Unternehmen ihre wirtschaftlichen Erfolge feiern, nach wie vor weltweit an sechster Stelle bei Infektionskrankheiten steht? Und dass, wenn man die Kindersterblichkeit statistisch betrachtet, dieses Land weltweit an zweiter Stelle steht. „Wir müssen sie davon überzeugen, dass es auch ihnen nützt, wenn es in diesem Land auch auf dem Gebiet der Gesundheit aufwärts geht und wenn sie ihr eigenes Image durch die Unterstützung unserer Arbeit damit verbinden können. Glauben Sie doch bloß nicht, dass Bill Gates nur der große Philanthrop ist, der vom Unternehmensgenie zum Apostel der Nächstenliebe konvertiert ist. Glauben Sie bloß nicht, dass ein solcher Mann ausschließlich am karitativen Impuls interessiert ist. Bill Gates ist nach wie vor Präsident von Microsoft, weil er im Glanz seiner Stiftung Zugang zu Personen und Instutionen hat, die er als Präsident von Microsoft nie hätte."

Ich höre Aziz aufmerksam zu. Ist das wirklich der Sinn des Lebens, ist das der einzige Zweck der Globalisierung, dass wir mehr Geld verdienen? Ich weiß, dass wir die Hilfe dieser Institutionen, Unternehmen, Banken oder was auch immer dringend brauchen. Aber mir ist diese ganze Welt fremd. Das ist nicht meine Frage: Wir haben doch nur *ein* Leben zu leben. *Meine* Frage ist: Kann das, was ich tue, Werte weiterbringen? Das treibt mich um. Da würde ich doch nicht ständig danach fragen, ob das Verdienstmöglichkeiten optimiert. Geld ist ein Mittel, um Dinge zu bewegen, um Leben zu fördern, um Möglichkeiten zu schaffen. Aber es ist kein Wert in sich. Ich habe die Diskussion mit Aziz nicht verlassen und bin sitzen geblieben – auch deswegen, damit diese Diskussionsebene offenbleibt.

Oft haben wir uns gefragt, ob wir uns im reichen Amerika nach Geldmitteln umsehen sollten. Die Amerikaner pumpen riesige Summen Geld nach Pakistan. Von über 15 Milliarden ist die Rede. Sie haben ein strategisches Interesse an diesem Land. Ich habe mich aber immer geweigert, amerikanische Hilfsgelder anzunehmen, um unser Projekt zu schützen. Die antiamerikanische Stimmung ist seit langem virulent. Schon vor zehn Jahren gab es grausame Morde und Anschläge, die unerklärlich schienen. Da wurden, gleich hier in der Nähe unseres Krankenhauses, Mitglieder der Menschenrechtsbewegung „Justice and Peace" (Gerechtigkeit und Frieden) am hellichten Tag und mitten in der Stadt in einem achtstöckigen Gebäude brutal umgebracht. Bald darauf wurden in einem Krankenhaus, das im ganzen Land einen ausgezeichneten Ruf genießt und sich vor allem um Randgruppen kümmert, Krankenschwestern erschossen, die gerade vom Morgengebet kamen. Warum? Das waren alles Projekte, die primär von amerikanischen Spenden lebten. Und an Amerika haftet der Geschmack politisch-militärischer Absichten.

Warum spenden Menschen? Warum helfen sie? Vermutlich, wenn sie unmittelbar von der Not eines anderen, der ein Mensch ist wie sie, angesprochen werden, wenn sie davon berührt sind. Der Impuls der Hilfe: Ich reagiere spontan auf die Not eines Gegenübers. Ich fühle mich von seinem Unglück herausgefordert und in die Pflicht genommen, ich fühle mich angesprochen und antworte. Auch mir selber sollte geht es so. Wenn hier in diesem Land behinderte Kinder ausgestoßen werden, dann lässt mich das nicht gleichgültig. So etwas darf nicht sein. Ich muss etwas tun, irgendetwas. Ich bin nicht unbeteiligt, wenn so etwas passiert. Es geht immer auch um mich. Und deswegen lässt es mich nicht gleichgültig.

Die Mutter der vier schwerbehinderten Kinder, von der Dr. Jalal erzählt hat, ist den ganzen Tag so beschäftigt, dass sie selber nicht einmal mehr Zeit hat, sich in Ruhe hinzusetzen. Sie füttert sie nicht nur, sie wäscht jedes dieser Kinder dreimal am Tag, insgesamt also neunmal. Warum hilft sie, ohne groß nachzudenken oder zu argumentieren? Weil das ihre Kinder sind. Sie kann von ihnen nichts zurückerwarten. Es ist einfach „das Rechte". Warum weiß man das?

Einige werden sagen: Man weiß es einfach, es ist eine Sache des Gewissens. Es gibt Dinge, die „tut man einfach". Aber offenbar ist das nicht mehr im Bewusstsein. Man hat mich in der Hauptstadt Islamabad kürzlich gefragt, und es war diesen Gesprächspartnern sichtlich ein Bedürfnis: „Kennen *Sie* den Unterschied zwischen *Halal*, Gott wohlgefällig, und *Haram*, Todsünde?" Also zwischen dem was „recht" und erlaubt ist und dem, was „nicht recht" und nicht erlaubt ist? Selbst Menschen, die Verantwortung für das Land tragen, und die im muslimischen Milieu aufgewachsen sind, sind sich ihrer Werte also nicht mehr sicher. Nichts mehr ist selbstverständlich.

Was „man" tut, ist konkret immer natürlich auch kulturell bedingt. Aber wenn eine Kultur von innen her kaputtgeht, gehen auch ihre Werte verloren. Das Ethos verliert seine allgemeine Selbstverständlichkeit. Der Zusammenhang von Helfen und Lieben ist beileibe ja nicht ganz einfach. Helfen, in einem elementaren Sinn verstanden, ist ein Akt der Liebe. Aber auch wer liebt, will natürlich meistens etwas zurückhaben. Da sagt einer: „Ich kümmere mich um meinen alten Vater, in der Hoffnung, dass sich meine Söhne später auch einmal um mich kümmern werden, wenn sie das sehen." Das ist auch Eigennutz, nicht nur reine Liebe. Wie gesagt, das ist nicht schlimm.

Die Mutter der vier Kinder ist nicht das einzige Beispiel. Ich kenne eine Mutter, die sieben behinderte Töchter hat. Als ich mit ihr sprach, ob und warum es vielleicht besser wäre, keine weiteren Kinder zu bekommen, sprach sie mit ihrem Mann darüber und hat mir dann am nächsten Tag geantwortet: „Vielleicht kommt ja noch einmal ein gesunder Sohn? Vielleicht wird der uns ja einmal helfen, wenn wir alt sind?" Aber selbst wenn noch ein gesundes Kind kommt: Was soll es denn tun, wenn es so „verzweckt" wird? Es kann doch nur weglaufen.

Man sieht Bilder einer Flutkatatrophe oder eines Erdbebens – und möchte reagieren. Bei einer einmaligen Hilfe,

129

in ganz konkreten Lebensumständen ist es wohl so. Man will schnell Abhilfe schaffen. Aber ein Leben lang helfen? Die Geschichte eines Mannes hat mich verfolgt, der schrittweise alles aufgegeben hat, weil er sich um seine demente Frau kümmerte. Und dieser Mann sagt heute über diese Zeit: „Meine Frau hat damals mein Leben ausgemacht." Helfen heißt also auch: Da sein für andere, auch wenn es keine konkreten Lösungen gibt.

Jedes Leid geht uns an. Allerdings gibt es das auch: dass Menschen sich vom Leid der anderen nicht berühren lassen. Sonst gäbe es ja keine Folterungen. Und es ist auch Tatsache, dass Menschen über das Leid anderer schlicht hinwegsehen, es einfach nicht sehen wollen. Wie viele schirmen sich in sicheren Villenvierteln ab und sehen nicht, was jenseits der Mauern wirklich los ist. Ich erinnere mich: Als ich einmal eine staatliche Auszeichnung erhielt, wurde ich ins beste Hotel von Islamabad einquartiert ein wirklich wunderschönes Hotel, das ich genoss. Ich habe dann am nächsten Morgen einmal diese schweren Vorhänge zur Seite geschoben und hinausgeschaut. Da sah ich die Arbeiter, die das Hotel gerade reparierten, bei ihrer Morgenwäsche. Sie schöpften das Wasser aus einer zerbeulten Blechtonne. Ich konnte in diesem Hotel keine zweite Nacht mehr schlafen. Ich weiß zu viel von der Situation dieser Menschen im Schatten des Reichtums. Wir haben hier in den Zeitungen auch immer wieder die Geschichten von minderjährigen Hausangestellten, die gefesselt, ausgebeutet, gequält und missbraucht werden …

Hinsehen. Die Augen nicht verschließen. Was mit den Juden geschehen ist, habe ich damals als Jugendliche im Leipzig der Nazizeit nicht gesehen. Aber die Kriegsgefangenen, die in unserer Stadt lebten, die habe ich gesehen. Aber ich habe sie nicht wirklich gesehen. Ich habe ihre Würde nicht wahrgenommen. Sie schienen mir in erster Linie eine Gefahr. Etwas, was ich fürchtete.

Warum uns das Leid anderer angeht, ist eine theoretische Frage, die ich nicht beantworten kann. Eine nützlichere Frage ist: Was muss denn in der Entwicklung und der Erziehung eines Kindes passieren, damit es einmal ein einfühlsamer Mensch wird? Was können wir dazu tun, dass nicht der Kreislauf der Apathie und Gewalt, sondern der Kreislauf der Liebe und Empathie bestimmend wird?

Helfen ist ein problematisches Wort, wenn es meint: Ich habe etwas und gebe es dir. Das stellt mich auf einen Sockel und hat etwas Hierarchisches, von oben nach unten. Im Englischen sagen wir eher *facilitating*: einem anderen etwas ermöglichen, ihn fördern, unterstützen. Aber es geht nicht um Begriffe. Wenn es eine Möglichkeit gibt, etwas an einer lebensbehindernden Situation zu ändern, besteht die Pflicht zur Einmischung. Wichtig ist: Nicht nur zu reden, sondern wirklich etwas zu tun, was dem anderen hilft zu leben. Es gibt nichts Gutes, außer man tut es. Und in den meisten Fällen stimmt auch: Wer hilft, bekommt etwas zurück. Er tut sich selber etwas Gutes.

Und es gibt immer wieder Menschen, die unser Anliegen sehen. Ganz unspektakulär. Bei den Rennen auf dem Nürburgring etwa dürfen wir seit Jahrzehnten für unser Projekt werben und sammeln. Wir werden über den Lautsprecher vorgestellt. Und Michael Schumacher hat uns immerhin seine Mütze signiert und zum Zweck einer Versteigerung zugunsten der Leprahilfe gegeben.

Mittel, die anderswo, weit entfernt, neue Hoffnung geben werden.

In den sozialen Brennpunkten von Karachi zum Beispiel.

10
Stadt der Angst, Ort der Hoffnung

Am Tag vorher war die Stadt noch in Panik gewesen, die Schulen wurden geschlossen, unsere Leprahelfer konnten die Klinik nicht verlassen, keiner wagte sich auf die Straße. Überall Straßensperren, Kontrollen, Hausdurchsuchungen, Verhaftungen. Es brannte in Karachi: Zwei Polizisten waren erschossen worden und man hatte einen führenden Politiker unter Tatverdacht verhaftet, der dann seine Anhängerschaft auf die Straße und an die Gewehre gebracht hatte. Heute hat sich die Situation wieder beruhigt. Mit einem Gast aus Deutschland sind wir unterwegs zu unserer Außenstation, in östlicher Richtung, wieder einmal nach Malir. Malir, einer der 18 Stadtteile Karachis mit immerhin einer Million Einwohnern. Ich sitze wie immer vorne, neben dem Fahrer.

Hinten im Auto unterhalten sie sich – über Karachi. Erst einmal über den Verkehr. Der Besucher war erst zwei Tage vorher angekommen und er erzählt, immer noch etwas blass, ein Fahrer habe ihn abgeholt und ihm gleich zu verstehen zu geben: „Kein Sicherheitsgurt, wir sind in Pakistan." (In der Tat: Sicherheitsgurte wurden vor wenigen Jahren noch extra besteuert.) Und dann sei er mit Höchstgeschwindigkeit auf dem dicht befahrenen Zubringer in die Stadt gerast, mit Dauerhupe und atemberaubenden Manövern. Er sei zwar heil angekommen, aber …

Der Verkehr von Karachi ist ohne Vergleich. Istanbul kommt da nicht mit, auch nicht Rom. Die römische Art, den Verkehr zu regulieren, wird von Kennern so beschrieben, dass Kreativität, regelrelativierende Individualität und spontane Ordnung dauernd in einer intelligenten Balance sind. Wenn man die „Ordnung" streicht, trifft das auch auf Karachi zu. Als ich selber jung war, fand ich den Verkehr hier faszinierend: totaler Freistil. In Deutschland bin ich nie mehr Auto gefahren, seit ich in Karachi lebe, weil ich es nicht gewohnt war, mich an Regeln zu halten. Es ist ein individueller Stil. Aber es ist auch das Chaos. Autos, grell bemalte Busse, auf deren Dächern noch Menschentrauben gedrängt hocken, Fahrräder, motorisierte Rikschas, eilig die Straße überquerende Fußgänger, zwischendurch Eselskarren oder auch einmal ein Lastkamel, und Unmengen an Motorrädern, zum Teil mit drei bis vier Kindern vor und hinter dem Fahrer auf dem Sitz verteilt. Man hat den anderen immer im Blick. Es gibt hier nur zwei Verkehrsregeln, an die man sich halten muss und nur eine, die wirklich wichtig ist: Fahre immer nur dort, wo sich kein zweites Fahrzeug befindet. Die andere Regel: Der Dicke kommt zuerst. Es herrscht das Recht des Stärkeren. Dem großen Wagen lässt jeder fraglos die Vorfahrt. Sechs- bis achtstündige Staus sind keine Seltenheit. Manchmal sieht man rote Ampeln, selten jemand, der davor hält. Als ich in der Anfangszeit einmal vor einer solchen Ampel hielt, kam ein besorgter Polizist an meinen Wagen und fragte, ob mir etwas fehle …

„Alle sagen, Pakistan sei so gefährlich, und Karachi ganz besonders. Aber der größte Gefahrenfaktor ist der Verkehr", sagt Salam – und lacht. Ein etwas doppelbödiger Scherz. Aber es ist auch etwas dran an dieser Aussage: Zwei oder drei unserer Angestellten sind derzeit zu Hause, weil sie einen Verkehrsunfall hatten.

Wer auf einer Ausfallstraße unterwegs ist oder vom Flughafen in die Stadt kommt, dem fällt auch der Müll ins Auge. Berge von Müll in schwarzen Plastiksäcken – oder einfach so am Straßenrand gelagert. „Gibt es denn in Karachi keine Müllabfuhr?", fragt der Besucher. Nein, weder eine städtische Müllabfuhr noch Mülltrennung. In unserer Straße hatte sich zu einem bestimmten Zeitpunkt die ganze Umgebung darauf geeinigt, dass der Platz vor unserer Klinik ein Müllplatz wird. Und alle haben uns ihren Abfall nachts vor die Tür gekippt. Was einer Klinik nicht guttut und uns auch nicht gefiel. Was tun? Wir haben dann eines Nachts alles umgegraben und kleine Bäume geplanzt, in einem ganz engen Abstand. Natürlich mussten die Menschen ihren Müll irgendwo loswerden. Wir selber sortieren den Müll der Klinik, der in Plastiksäcken abtransportiert wird, auch unter medizinischen Gesichtspunkten. Ich habe den Leuten, die ihren Müll bei uns abgeladen hatten, dann geraten, in die nächste Nebengasse zu gehen, in der Regierungsbüros sind und es dort der Regierung vor die Nase zu werfen. Das wagten sie dann doch nicht. Sie haben es dann zwei Straßen weiter einem selber Müll produzierenden Geschäftsmann vor die Tür gelegt. Aber unsere Bäume wachsen und blühen jedes Jahr und es ist so etwas wie ein kleiner Park mitten in der Stadt geworden.

Und der Müll von Karachi? Um den kümmern sich jeden Morgen von vier bis sechs Uhr die Müllkinder der Pushtunen- und Afghanengemeinschaft. Die sammeln vieles ein und verkaufen es. Wenn die nicht wären – ganz Karachi wäre zugemüllt. Das ganze Afghanenviertel lebt vom Müll. Wir haben ihnen klargemacht: Es ist ein Ge-

135

schäft, das Ehre bringt. Und wir haben ihnen auch erzählt, dass es in Deutschland ein wichtiges Geschäft ist, das Zuwächse hat. Freilich lässt sich Müll ökonomisch erst gut verwerten, wenn die Müllproduzenten den Müll trennen. Das wird in Pakistan in voraussehbarer Zeit nicht passieren. An den Ausfallstraßen in den Vororten liegt er also weiter meterbreit und stinkt zum Himmel. Müll, Müll, Müll.

Verkehrschaos, Müll: Schon der Augenschein zeigt die Probleme dieser Megastadt. Um 80 Prozent soll allein in den letzten 10 Jahren die Einwohnerzahl zugenommen haben. Über 20 Millionen sind es jetzt. Zum Vergleich: Österreich hat insgesamt 8,4 Millionen Einwohner. Um die Explosion des Bevölkerungszuwachses in einem Jahrzehnt zu ermessen: Allein der Zuwachs ist mehr als die gesamte Bevölkerung von New York. Schuld ist nicht nur die Landflucht der Leute, die sich in der Industriestadt und der Handelsmetropole bessere Arbeitschancen und Verdienstmöglichkeiten erhoffen (immerhin befindet sich in Karachi nicht nur der große Hafen, sondern auch ein Drittel der gesamten pakistanischen Industrie). Es sind die Millionen Flüchtlinge, die durch die kriegsähnlichen Konflikte und Säuberungsaktionen im Nordwesten des Landes nach Karachi gekommen sind.

Die Frage liegt nahe: Kann eine solche Stadt überhaupt funktionieren? Wer der Bürgermeister sei?, fragt der Besucher. Das sei nicht ganz klar, aber es müsse der Allmächtige selber sein, sonst wäre doch längst alles zusammengebrochen, scherzt Dr. Shahid, unser Dermatologe. Dann wird er ernst. Er ist in dieser Stadt geboren und beschwört

136

mit dem Stolz des „Eingeborenen" die alten Zeiten. Karachi, die Stadt am Meer, war immer auch berühmt für ihren spirituellen und intellektuellen Glanz, die Universitäten und Sufiorden. Er schwärmt vom kulturellen Flair,
vom religiösen Reichtum, nicht nur von der wirtschaftlichen Prosperität. Auch für seine Weltoffenheit und seine
Toleranz war Karachi berühmt. Wie viel Idealisierung da
auch mitspielt, Dr. Shahid liebt jedenfalls seine Stadt. Ein
wunderbarer Ort, findet er, auch wenn sich ihr Charakter
in den letzten zehn Jahren geändert habe, seit so viele
Menschen aus dem Norden gekommen sind, die eine
ganz andere Mentalität haben und dieses friedliche Zusammenleben stören. Jetzt sei man misstrauisch, würde
dem anderen nicht mehr trauen. Und es stimmt auch:
Früher war das Zusammenleben der Religionen und der
unterschiedlichen Stämme unproblematisch. Sunniten
haben Schiitten geheiratet und umgekehrt. Ein Mann aus
Baluchistan konnte in dieser Stadt eine Punjabifrau heiraten. Man ging offen und unvoreingenommen aufeinander zu. Wir haben immer gesagt: Wenn das in Karachi
möglich ist, dann sollten wir nicht die Hoffnung für das
Land verlieren. Heute ist das undenkbar. Die Sufiorden
sieht man nicht mehr. Das Klima ist vielfach vergiftet,
Hass wird durch Fanatiker geschürt.

Was Dr. Shahid in diesem Gespräch im Auto am meisten
bedauert: dass „law and order" hier nicht viel Wert sind.
„Law and order" ist für viele in Deutschland ein Schimpf-
wort. Was Dr. Shahid beklagt und mit den Menschen aus
dem Norden in Verbindung bringt, das ist freilich nicht
erst seit fünf oder zehn Jahren so. Schon 1995 gab es ja
Morde (zwischen August und Anfang November wurden

etwa 500 Tote gezählt) und gegenseitige Metzeleien. Aber richtig ist: Je größer die Zuwanderung aus den Gebieten des Nordens war, desto stärker war auch der Rückgang der kosmopolitischen Atmosphäre und des liberalen Geistes. Über Afghanistan war auch der Wahabismus als konservative Ausprägung des Islam herübergeschwappt. In den letzten Jahren hat sich das ständig zugespitzt. Man schottet sich ab, man ist misstrauisch, der Druck hat sich gesteigert und vieles ist undurchsichtig.

Wir hatten in den 70er Jahren in Karachi ein Institut, in dem sich moderne muslimische Denker Gedanken gemacht haben, wie der Islam der Zukunft aussehen könnte. Das ist allerdings längst vorbei, gescheitert. Der Leiter fühlte sich im Dialogsekretariat des Vatikans besser verstanden als zu Hause. Dass Recht und Ordnung gelten sollen, so wird in Karachi der Traum von einem besseren Leben beschrieben. Dass das Recht durchschaubar ist und durchgesetzt wird. Dass man sich auf die Richter verlassen kann. Dass die Polizei weder gewalttätig noch korrupt ist. Alles das gehört zu diesem Traum. Viele halten das für eine Utopie.

Es hat sich viel geändert in Karachi. Ich erinnere mich noch, wie es war, als ich vor über 50 Jahren in dieser Stadt ankam. Der erste Eindruck: lebendig, farbig, bunt, lärmend, pulsierend, voller Exotik und Dynamik zugleich. Heute sieht keiner mehr Karachi als lebenssprühende, fröhliche Stadt, voller Intensität. Die Stadt brodelt mehr denn je. Aber die Menschen leben in Angst. Und diese Angst ist berechtigt. Früher, als das Ganze noch exotisch und abenteuerlich war, hatte ich auch noch einen poetischeren Blick auf diese Stadt. Vielleicht auch einen naiveren. Heute weiß ich zu viel. Und zu wenig. Die Lage ist so kompliziert und gleichzeitig so undurchsichtig. Auch das Leben hat sich geändert. Wenn ich heute in Karachi am Flughafen ankomme, ist schon die Ankunft ganz anders. Die Zufahrt zur Stadt ist neu: breite Zubringerstraßen und riesige Reklametafeln für Fastfood, Versicherungen und Computer. Karachi präsentiert sich da auf den ersten Blick wie andere moderne Großstädte, mit riesigen Bürotürmen und Bankpalästen. Dazwischen freilich auch gigantische Bauruinen.

Aber wir nähern uns im Moment nicht dem Zentrum, sondern Malir. In Gegenden wie Malir hat sich in 50 Jahren nichts verändert: Die Straßen der Slums sind nicht befestigt, die Abwässer drängen aus den Gullys auf die Straße. Armut, Elend, Schmutz und Hoffnungslosigkeit in allen Ritzen der primitiven Behausungen. Unsicherheit und Armut sind ingesamt größer geworden. Die soziale Schere ist weiter auseinandergegangen. Es gibt praktisch kaum eine Mittelschicht. Die wird zudem stark besteuert. (Nur ca. ein Prozent der Bevölkerung zahlt überhaupt Einkommenssteuer. Die Großgrundbesitzer sind von dieser Steuer völlig befreit.)

Sicher, in gewissen Gebieten und in Teilen der Stadt sind durchaus positive Entwicklungen sichtbar. Es gibt moderne Viertel mit Einkaufszentren für internationale Markenartikel und Shoppingmalls wie man sie in allen Weltstädten sieht. Da leben Leute, die ihre Kinder in Privatuniversitäten schicken und überhaupt nicht wissen, wie Pakistan wirklich aussieht. Anders wieder, wenn man in bestimmte Gebiete der Stadt kommt. Kürzlich im

Stadtteil Lyari – da kehrten wir um, als die Schießereien immer näher kamen. Dabei war das einmal eines unserer sichersten Gebiete. Der Angestellte, dessen Sohn erschossen wurde und den man in einen Sack eingenäht zurückbrachte, mit einem Zettel an der Leiche: „Ihr zweiter Junge steht schon auf unserer Liste", den haben wir damals in den 90er Jahren nach Lyari in eine sichere Unterkunft gebracht. Heute wüsste ich kein Gebiet, das man als Sicherheitszone anbieten könnte. Die absurde, gewalttätige und nicht verstehbare Unsinnigkeit hat es in Karachi immer gegeben, eine solche Millionenstadt gebiert die Probleme ja geradezu aus sich. Aber gegenwärtig ist es besonders schlimm. Während der Kosovokrise sind hier in Karachi (in Friedenszeiten!) mehr Leute durch Gewalt umgekommen als im Krieg in Kosovo, über den sich, zu Recht, die ganze Welt empört hat.

Im September 2013 hat das US-Magazin *Foreign Policy* Karachi als gefährlichste unter den Megacities der Welt ermittelt. Laut dieser Publikation ist die Mordrate in Karachi um 25 Prozent höher als in jeder anderen Megastadt der Welt. Mehr als 2000 Morde waren es 2012. Zehnmal mehr als etwa in der indischen Großstadt Mumbai. Beobachter konstatieren immer wieder, dass es Verbindungen zwischen den Kriminellen und den politischen Gruppierungen gibt. Bei den Entführungen – oft trifft es die Söhne von Reichen, die dann auch zahlen – ist nicht selten auch die Polizei in Fälle verwickelt, die sie aufklären und lösen soll. Überall tauchen Drohbriefe auf. Man sagt, dass die monatlichen Einnahmen aus Lösegeldern schwindelerregende Höhen erreichen. Von Schutzgelderpressung in einer Höhe von neun Millionen Euro pro

Tag allein in Karachi ist die Rede. Wer nicht bezahlt, wird erschossen. Nicht jeder natürlich. Aber wer kann sich schon darauf verlassen, dass es bei der Drohung bleibt? Und um diesen Kuchen gibt es zwischen den Gangs oder den Parteien Kämpfe auf Leben und Tod, die an Brutalität der Mafia in nichts nachstehen. Schmutzige Geschäfte. Aber lukrative.

Die Parteien kämpfen keineswegs nur mit Argumenten um die Macht, sondern auch mit Schlägertrupps, Einschüchterung und Mord. Die Aktivitäten von Aufständischen in Baluchistan und anderen Regionen des Landes entlang der Grenze zu Afghanistan haben ihre Auswirkungen bis nach Karachi, das zu einem Umschlagplatz für Drogen und Waffen geworden ist. Auch hier sind Bandenkriege zwischen rivalisierenden Gangs oder mit der Polizei an der Tagesordnung. Der neue Staatspräsident hat angekündigt, er würde aufräumen und Karachi den Frieden zurückbringen. Viele Menschen sagen auch dazu nur noch resigniert oder zynisch: „Zeigt uns eure Taschen …“ Viele sind der Überzeugung, dass er sein wird wie alle anderen; er wird Dinge in Angriff nehmen, bei denen er etwas verdienen kann, und alles andere liegen lassen, wenn nichts für ihn herausspringt. Das ist im Großen so, und nicht anders bei den Kleinen. Wenn ich morgens um sechs Uhr zur Messe in die Kathedrale fahre, kommen wir an mindestens fünf Polizeiposten vorbei. Das ist die beste Zeit für die Polizei. Da kommen die kleinen Händler mit ihren Gemüsekarren, die schon um drei Uhr morgens aufgestanden sind und ihre Verkaufsplätze suchen. An sich gibt es keine Standgebühren. Die Polizisten kassieren trotzdem. Und was sollen die kleinen Händler anderes tun – sie zahlen.

Auch die Zunahme der Taliban lässt kriminelle Aktivitäten anwachsen, gerade in Gegenden wie Mangopir, wo auch unsere Außenstelle von Schießereien und Erpressungen betroffen war. Diese hügelige Gegend vor Karachi, wo sie auch in Höhlen Unterschlupf finden, ist zu einem gefährlichen Ort geworden. Hier in dieser verlassenen Landschaft kann man sich dem Zugriff der Grenzpolizei leicht entziehen. Aber die Aktivitäten der Taliban sind nur eine Seite der Wirklichkeit. Nicht nur die Taliban sind geflüchtet, sondern auch ihre Opfer, die vor den Taliban nicht mehr sicher waren (und in der Wahrnehmung von außen zu voreilig mit ihnen in einen Topf geworfen werden).

Claudia, unsere Freundin aus Österreich, arbeitet sehr eng mit der Sozialabteilung unseres Krankenhauses zusammen. Sie traf dort Manula, einen Leprapatienten, der für eine Nachbehandlung nach Karachi gekommen war, und erfuhr seine Geschichte. Sicher keine Einzelgeschichte. Es war kalt damals. Wann es genau war, konnte Manula nicht mehr sagen. Eines Abends jedenfalls standen sie vor seiner Türe. Viele Männer. Alle schwer bewaffnet. Sie hätten ihm 300 Rupien (drei Euro) und Waffen angeboten und ihm gesagt, er müsse sich ihnen anschließen. Sonst würde er erschossen. Er hatte also nur drei Möglichkeiten. Manula hielt drei seiner von Lepra gekrümmten Finger in die Luft: Mit ihnen gehen. Weglaufen. Oder Sterben. Noch in derselben Nacht ist er mit seiner Frau und den vier Kindern aufgebrochen, so schnell wie nur irgendwie möglich. Mit seinen von den Folgen der Lepra geschädigten Beinen war er nicht sehr schnell, und die Kinder erst recht nicht.

Die Familie lebte monatelang in einem einfachen Zelt. Jetzt sind sie in Ambila, im Norden. Das MALC hat ihnen am Anfang mit Lebensmittelpaketen geholfen und schließlich auch eine einfache Bleibe besorgt. Nun haben sie wieder ein Zuhause. Für wie lange, weiß niemand. Die zwei ältesten Kinder gehen sogar wieder in die Schule.

In Pakistan soll es bereits drei Millionen von den Taliban vertriebene Menschen geben. Und das geht weiter: Die pakistanische Armee führt immer noch einen regelrechten Krieg in den nördlichen Stammesgebieten, der die Zivilbevölkerung vielerorts zur Flucht zwingt – und da das Gebiet, in dem sich die afghanischen Flüchtlinge um Karachi angesiedelt haben, illegalen Einwanderern Zuflucht gewährt, suchen sie in diesem Steppengebiet, rund 20 bis 30 Kilometer außerhalb Karachis, Unterschlupf. So haben sich in letzter Zeit offensichtlich zunehmend Flüchtlinge aus Waziristan angesiedelt; ein sehr kämpferischer, traditioneller Stamm, der mit moderner Entwicklung und modernen Einflüssen wenig in Verbindung gekommen ist. Sie haben eine unserer Schulgründungen hintertrieben, von unseren Mitarbeiterinnen verlangt, dass sie sich nach „islamischen Vorschriften" kleiden und sich ständig in alles eingemischt: Wieso wir denn Punjabis behandeln würden, wenn das Geld doch für Afghanen gespendet sei? Wir haben daraufhin die Arbeit im Camp eingestellt, weil das Team unter diesen Bedingungen nicht mehr bereit war weiterzumachen. Da haben sich die Frauen im Camp lautstark – und zwar erfolgreich – bei ihren Ehemännern beklagt: Wollten sie die Kinder vielleicht selbst nach Karachi bringen, wenn sie krank seien?! Die Männer (ein kleines Wunder!) mussten sich also bei unserem

Team entschuldigen, und dann lief der Betrieb langsam wieder an: die Impfungen, die Mutter- und Kindvorsorge, die Sorge um die Kinder mit Durchfall, Fieber, Malaria, Krätze, Behinderungen.

Dem Leben der Flüchtlinge in Karachi sind wir natürlich besonders nahe. Ein mitleidiger Nachbar hat einer Flüchtlingsfamilie eine baufällige Lehmhütte zur Verfügung gestellt mit einem „Vorhof" als Abgrenzung, auf dem sie ihre Habseligkeiten ausgebreitet haben: ein Plastikbehälter für Wasser, eine verbeulte Teekanne, zwei verschlissene Kleider, eine Unterhose. Im Zimmer gibt es eine durchlöcherte Unterlage, über den Lehmboden gebreitet. Darauf leben und schlafen sie – sieben Kinder, die Mutter mit dem Säugling und der Vater, alle vor zwei Monaten aus Afghanistan geflohen. Warum? „Wir hatten nichts zu essen, und wenn jetzt die Kälte einbricht ..." Da schien das Elend in Karachi immer noch besser. Der Vater ist in den Basar gegangen, um Arbeit zu suchen. Er spricht nur Uzbek, kein Urdu, kein Punjabi, kein Pushdu (die gängigen Sprachen im Basar von Karachi), nicht einmal Darri (die Sprache der afghanischen Flüchtlinge). Was kann er verdienen? Was sie zum Frühstück gegessen hätten?, wollten wir wissen. Heute noch nichts, sagt die Mutter errötend – und es war zwei Uhr nachmittags. Sie hofften, dass der Vater etwas heimbringen würde – eventuell trockene Fladenbrote, die eine Familie übrighatte.

Eine alte Frau, die allein in ihrer Hütte lebt. Witwe. Sie hat keine eigenen Kinder, doch sie hat einen Jungen großgezogen – er ist in den Iran ausgewandert, mit Frau und Kindern, und hat sie allein zurückgelassen. Wovon sie lebt? Der Nachbar sorgt dafür, dass sie zwei trockene Fladenbrote hat, pünktlich, jeden Tag. Und sonst? Nichts.

Eine andere Familie, fünf Kinder, zwei Erwachsene. Das gleiche. Trockene Fladenbrote. Jemand hat ihnen ein Zelt geliehen. Sie haben sich Geld geborgt, um den Vater ins Krankenhaus einzuweisen, sie wussten nichts von unseren Diensten. Diagnose: Tuberkulose. Wir hätten es kostenfrei machen können, aber jetzt können wir ihn wenigstens weiterbehandeln.

Eine weitere Familie mit vier Kindern (und als das Fünfte kam, waren es Zwillinge): Der Mann war verunglückt, hatte sich verletzt und konnte nicht verdienen. Die Mutter konnte nicht stillen, sie war zu unterernährt. Der Besitzer der Hütte wollte 3000 Rupien Miete – sie konnten den Kindern kein Brot geben, woher sollten sie dann die Miete nehmen? Wie versorgten sie die Zwillinge? Milch war unerschwinglich; dünner schwarzer Tee, in dem sie Brotkrusten aufweichten, musste reichen. Mittlerweile sind sie zehn Monate alt. Haut und Knochen. Was hat es für einen Sinn, sie zu behandeln? Sie brauchen Lebensmittel, einfach etwas zu essen. Jetzt zahlen wir ihnen Reis und Hülsenfrüchte, und sie erholen sich sichtlich. Seit zwei Wochen haben wir auch Milch zugelegt.

In 60 Häusern haben wir die Familien besucht. Überall ein Leben an der Grenze des Existenzminimums. Aber 14 Familien leben auch darunter, für die wir die Grundnahrungsmittel aufbringen müssen. Im Budget war der Posten nicht vorgesehen. Wir finden eine Lösung.

145

Wir haben eine Strandhütte am arabischen Meer. Ich würde gerne einmal mit den Kindern aus diesen Familien hinfahren. Aber wir wagen es nicht. Die Eltern würden es auch nicht erlauben.

Karachi ist eine Stadt der Angst geworden. Wir merken es sogar physisch, in unserer medizinischen Abteilung. Die Krankheiten steigen: Hoher Blutdruck, Herzattacken, auch die hohe Anzahl von Zuckererkrankungen – alles eine Folge des inneren Drucks. Dass Kriminalität an der Tagesordnung ist, das trägt sicher auch dazu bei. Ausländischen Besuchern raten wir, nicht mehr unbegleitet hinauszugehen. Ich selber würde auch nicht mehr im Dunkeln in bestimmte Gegenden fahren. Wie man nach Hause kommt, wenn etwas los ist, das wissen bei der gegenwärtigen Sicherheitslage nur unsere Fahrer, die uns oft genug in gefährdeten Situationen durch verwinkelte Straßen sicher nach Hause gebracht haben.

Ein deutscher Journalist, der über uns schrieb, hat in einem guten Hotel in der Nähe übernachtet. Er wollte am Abend nur kurz vor das Haus, um sich die Füße zu vertreten – und wurde überfallen. Meistens verlangen sie Geld und Handy. Es wäre lebensgefährlich, sich zu wehren. Als ich vor Jahren einmal am frühen Morgen auf dem Weg zur Messe überfallen und zu Boden geworfen wurde, erinnerte ich mich an eine Verhaltensregel, die zur Besatzungszeit durch die Russen im Osten Deutschlands noch wirksam war: Laut schreien. Damals ließ der Angreifer tatsächlich von mir ab. Heute würde ich es keinem mehr empfehlen, so zu reagieren. Zu gefährlich.

In unserer Nachbarstraße, einer großen und belebten Einkaufsstraße, wurde erst in den letzten Tagen am hellichten Nachmittag ein Schmuckgeschäft von Bewaffneten ausgeraubt: Alle konnten es sehen, keiner hat eingegriffen. Zu gefährlich. Vor anderen Geschäften sieht man jetzt schwerbewaffnete private Sicherheitsleute, die für mich nicht besonders vertrauenerweckend aussehen. Dass es kriminelle Gewalt gibt, weiß man. Scheußliche Vergewaltigungen, wie sie in Indien immer wieder berichtet werden, kommen auch hier vor. Kürzlich wurde in den Straßen Karachis ein fünfjähriges Mädchen von mehreren Männern vergewaltigt. Sie ringt immer noch mit dem Tod und wird wahrscheinlich nicht durchkommen.

Natürlich gibt es die „gated communities" der Reichen, die sich abschirmen und quasi hinter Stacheldraht leben. Aber als wir kürzlich in Quetta ein Quartier kaufen mussten, habe ich entschieden dafür plädiert, nicht in ein solches Viertel zu gehen, denn wenn es wirklich Übergriffe geben wird, dann natürlich dort zuerst. So nah am Reichtum – da wächst die Versuchung.

Ob diese Situation der allgegenwärtigen Gewalt für mich zum Verzweifeln ist? Nein. Das Gute ist, dass wir eine Oase geschaffen haben. Ich frage mich immer wieder, wie das möglich gewesen ist. Unsere Mitarbeiter arbeiten ja in weiten Teilen von Großkarachi. An dem Morgen, als die Sunniten die Schiitten umgebracht haben, war ich mit einer Gruppe von Mitarbeitern unterwegs, die Sunniten waren. Unser Patient war Schiit, und der sagte: „Sie kommen nicht aus meinem Haus, bevor sie nicht eine Tasse Tee getrunken haben." Wir saßen dann zusammen und sie fragten mich: „Können Sie uns sagen, wie Menschen dazu kommen, sich umzubringen?" Sie konnten das nicht verstehen. Und als damals in Karachi pogromartige Gewalttätigkeiten gegen die Hindus aufflackerten (nicht zu vergessen: Vor der Staatsgründung hatten die Hindus in Karachi die Bevölkerungsmehrheit gestellt, jetzt sind sie eine Minderheit), haben unsere muslimischen Fahrer unter Lebensgefahr die Hindu-Patienten in unsere Klinik gefahren, um sie in der oberen Etage des Krankenhauses in einem Unterrichtsraum vor ihren Verfolgern in Sicherheit zu bringen. Der sicherste Platz ist immer noch das MALC. Oder die „Basis": Heute Nacht haben wir einen chirurgischen Fall verlegen müssen, der eine akute Bauchgeschichte entwickelt hatte – ganz selbstverständlich ging ein zweiter Patient von der Station mit, „damit er sich nicht so einsam fühlt". Oder dies: Wir nahmen ein junges Mädchen in unserer Dienstwohnung auf, das im Punjab den Eltern weggelaufen war, um einer erzwungenen Heirat zu entgehen, und beschäftigten sie im Ausbildungsinstitut – ein reichlich riskantes Unternehmen, aber keiner vom Management im Krankenhaus hat uns davon abgehalten. Und trotz aller Gewalt: Sie ist nicht alles. Das Leben geht weiter, und auch der Alltag wird gelebt, jeden Tag. Es wird auch in Karachi geheiratet, es kommen Kinder auf die Welt und es wird gestorben wie üblich – zusätzlich zu denen, die immer wieder durch Selbstmordattentäter sterben.

In Malir angekommen beginnt unser Alltag. Die Schlange der Patienten ist lang. Ich kümmere mich in der Sprechstunde um die akuten Fälle, während Dr. Shahid mit dem Team in den Slums unterwegs ist, um die Behinderten zu besuchen, die ihre Wohnung nicht verlassen können. Als er zurückkommt, wirkt er irgendwie erschöpft und gelöst zugleich. Er sagt, dass er von den Menschen so viel zurückbekommen hat. Das Lächeln eines Behinderten. Die Gebete der Familie für ihn. Das macht sein Glück aus. Es ist ihm Entschädigung genug.

Die Kultur, die wir im MALC haben, mag eine Gegenkultur sein. Aber wer sagt denn, dass sie nicht stärker ist und sich eines Tages durchsetzen wird? Warum soll das Gute nicht siegen?

Täglich geschieht auch irgendetwas Schönes, wenn man sich nur die Aufmerksamkeit erhält.

Auch in Karachi.

11
Selig, die am Frieden arbeiten

Mein Leben in Pakistan hat mich darin bestärkt: Wer Hass mit Hass zu begegnen versucht, hat schon verloren. Gewalt lässt sich nur unterlaufen. Gandhi hat durch Gewaltlosigkeit viel erreicht. Auch Jesus: Er ist selber in die Mühlen der Gewalt geraten, aber er hat keine Gegengewalt angewandt. „Wenn ich wollte, könnte ich zehn Legionen von Engeln von meinem Vater erbitten …"

Die Samen der Gewalt sind viele. Sie gehen in den Seelen der Menschen auf, vergiften das Verhältnis zwischen Menschen und können auch eine Gesellschaft zerstören. Der Gewalt wirksam zu begegnen und die Kraft, die in der Aggression steckt, zu verwandeln, das ist mühsam und oft langwierig. Sicher ist nur: Frieden lässt sich nicht erzwingen und nicht herbeibomben. Und Frieden fällt nicht vom Himmel. Frieden ist Arbeit. Und verlangt Phantasie. Ich bin überzeugt: Gewaltlosigkeit, Gerechtigkeit und Liebe sind der Weg zum Frieden.

Frieden hängt aber auch mit mir selber zusammen. Frieden kann nur jemand verbreiten, der auch Frieden in sich gefunden hat. Man hat schon genügend zu tun, die Konfliktherde in der eigenen Familie abzubauen, die ja in der Regel mit einem selber zu tun haben. Aus einem Feind einen Freund zu machen – das ist der Prüfstein. Wenn einem das gelingt!

Natürlich ist es immer auch nachvollziehbar, wenn Menschen zu Gewalt neigen. Ich kannte einen Leprapatienten, der sprach grundsätzlich nur mit Katzen. Es war ganz schwierig und es hat lange gedauert, bis ich seine Geschichte erfuhr: Der Vater hatte ihm den großen Traum seiner Kindheit erfüllt: Der Junge lebte oben in einem einsamen Gebirgsdorf und wollte so gerne einmal unten im Land eine Stadt sehen. Der Vater hat also den Jungen, der ihn so darum anbettelte, einmal die Stadt zu sehen, mitgenommen. Und das kranke Kind dann im Basar der Stadt einfach stehen lassen. Ausgesetzt. Dass so ein Kind völlig verstört und traumatisiert ist, kann ich verstehen. Damals hat ihn eine Katze getröstet. Er ist dann schließlich, auf vielen Umwegen, in unserer Außenstation in Mangopir gelandet.

In den Augen vieler Leprakranker habe ich große Angst und große Trauer gesehen, auch tiefe Resignation. Ich kann verstehen, wenn sie sich mit ihrer Situation abfinden. Was wollen sie denn machen? Sie müssen sich abfinden, welche Chancen haben sie denn? Aber es ist auch eine normale Reaktion, wenn Menschen, die ein so unglaubliches Schicksal erleiden, die isoliert und ausgestoßen wurden, einen innerlichen Groll haben, wenn sie wütend sind auf ihr Schicksal und auf die Welt, wenn sie den Impuls verspüren: Ich möchte mich wehren, ich will zurückschlagen. Eine Reaktion, die nachvollziehbar ist. All das: Wut und große Trauer, Aggression und Resignation kann man nicht schnell abstellen, sondern nur langfristig zu heilen versuchen.

Auch in unserem Krankenhaus hatten wir anfangs große Probleme. Da wurden etwa die Installationen kaputtgeschlagen. Aus blinder Zerstörungswut. So wie Kinder, die in ihrer Familie Gewalt erfahren haben, Gewalt weitergeben, so gibt es auch unter den Leprapatienten solche, die getrieben sind von dem Gefühl: Ich muss Rache nehmen, denn sie haben mein Leben zerstört. Wenn ich dann sage: „Aber konkret die, die du jetzt angreifst, die waren es doch nicht, die dein Leben zerstört haben?" Dann ist die Antwort: „Aber die Gesunden haben das gemacht!" Wie man mit ihnen umging, das hat in den Kranken tiefe Verletzungen hinterlassen. Überzeugen kann man diese Menschen nicht. Nur als Gesunder versuchen, Rehabilitation anzubieten. Oft klappt es, manchmal nicht. Oft lassen gerade Leprakranke ihre Aggression und Wut auch an ihren Frauen aus. Der Teufelskreis geht weiter. Wer Gewalt sät, muss damit rechnen, dass er Gewalt erntet.

Ich erinnere mich an eine der schwierigsten Krisen unseres Projekts, einen heftigen Gewerkschaftskonflikt. Im Zentrum stand Hamid, ein ehemaliger Leprakranker, dann Lepraassistent, der uns mit Erpressung und Drohungen zu schaden suchte. Uns blieb damals nichts anderes übrig, als ihn – und zwei andere, die ihn unterstützten – zu entlassen. Erst im Nachhinein erfuhr ich seine Familiengeschichte. Aufgewachsen war Hamid in Ostpakistan. Seine eigenen Leute hatten ihm plötzlich gesagt: Du kannst hier nicht mehr schlafen. Damals hatte er schon mittlere Reife. Hamid war nicht verunstaltet, man sah ihm seine Krankheit also nicht an. Trotzdem: Sie haben ihm in seinem eigenen Zuhause Hausverbot gegeben. Normalerweise ist die Familie der Ort, in dem Kinder ihren Wert durch Zuwendung erfahren. Hamid wurde verstoßen, musste sich also zeitlebens immer wieder selbst beweisen. Später geriet er an eine politische Gruppe, die nicht wählerisch war, wenn es darum ging, Gegner auszuschalten. Ich hatte Hamid in dieser Zeit krank, mit hohem Fieber, buchstäblich von der Straße aufgelesen und ihn als Lepraassistenten ausgebildet. Da er keine Kinder zeugen konnte lief ihm auch die Frau weg: ein Mann voller Aggression, die er dann gegen andere und auch gegen unser Projekt richtete. Nachdem wir ihn entlassen hatten, wurde er als Drogenhändler von Interpol geschnappt und landete in Dänemark im Gefängnis. Als er zurückkam, war er isoliert, von seiner Familie, seinem Clan verstoßen, mit allen anderen hatte er sich überworfen. Er hatte keinen Platz. Als er mit 70 dement wurde, haben wir ihn in unserem Behindertenheim aufgenommen. Warum sollten wir ihm die Vergangenheit nachtragen? Warum ihn in einer schwierigen Situation nicht als Menschen behandeln? Hamid ist dann auch, umsorgt und behütet, im MALC gestorben.

Es ist in der Gesellschaft nicht anders als im Leben von Einzelnen: Der Samen der Gewalt wächst, wenn Gemeinsamkeit aufgekündigt wird. Da suggeriert jemand: Der andere ist anders als „wir". Er wird „aussortiert", ist weniger wert. Vielleicht sogar gefährlich und böse. Das macht Angst und erzeugt Abwehrreflexe. Wo der vergleichende Focus auf das Nichteigene, das Unterscheidende gerichtet wird, da wächst der Samen des Unfriedens. Als man jungen Muslimen in Koranschulen einflüsterte, die Christen seien ja ganz anders, da kam Misstrauen und oft genug auch Hass auf. „Man hat uns gesagt, die Christen beten den Teufel an", erzählte ein muslimischer Student unserem Team. Nur wenn man sich wirklich auf einer menschlichen Ebene kennenlernt, wenn man sich im Alltag begegnet, kann man auch die Vorurteile ausräumen, die zu Gewalt führen.

Misstrauen zwischen religiösen Gruppierungen ist ein offenkundiges Faktum. Und auch Gewalt. Da ist etwa der Hass zwischen Schiiten und Sunniten. Was der Unterschied zwischen Sunniten und Schiiten ist, wissen die meisten gar nicht. Das hat weder – wie in Nordirland zum Beispiel der Krieg zwischen Katholiken und Protestanten – eine ökonomische Komponente noch gibt es Rangunterschiede in der sozialen Skala. Es ist auch nicht so, dass es konkrete Probleme oder Irritationen gibt, wie es etwa das Schächten in Deutschland im Konflikt zwischen Muslimen und Nichmuslimen war. Sunniten und Schiiten schächten beide in gleicher Weise. Die Frauen tragen in beiden Konfessionen die gleiche Kleidung. Beide sind Muslime. Aber sie bringen sich sogar während des Gebetes um. Während des Freitagsgebets wurden 21 Schiiten umgebracht. Da wurde einfach in die Moschee geschossen. Und dann die gezielten Morde: Da wird ein Bus auf freier Strecke von Menschen mit Maschinenpistolen aufgehalten. Sie kontrollieren die Ausweise (in die auch die Religionszugehörigkeit eingetragen ist): Sunniten nach rechts, Schiiten nach links. Und die Schiiten werden erschossen. Umgebracht. Einfach so! Den Sunniten passierte nichts.

Der Konflikt geht zurück in die Zeit des Propheten, als Mohammed starb und seine Nachfolge geregelt wurde. Für die Schiiten kamen nur leibliche Nachfolger Mohammeds in Frage, also nur die Abkömmlinge seiner Tochter. Die Sunniten dagegen setzten auf einen männlichen Kalifen, also einen gewählten Führer. Die einen werfen dem anderen vor, dass sie vom wahren Glauben abgefallen seien – und umgekehrt. Dass Schiiten und Sunniten sich gegenseitig angreifen, ist zwar nicht neu, aber in diesem Ausmaß und in dieser Grausamkeit hat man das früher nicht gesehen. Früher haben sie sogar untereinander geheiratet. Heute wird der Hass gezielt und bewusst geschürt. Keiner weiß mehr um den religiösen Kern des Konflikts. Wenn irgendetwas verständlich wäre, könnte man ja noch etwas dagegen tun …

Frieden findet nicht nur im Großen statt, sondern auch im Nahbereich. Wir haben Sunniten und Schiiten in der Klinik angestellt und beide arbeiten problemlos zusammen. Ich weiß nicht einmal, wer der einen oder der anderen Richtung angehört. Bei uns ist das nicht wichtig. Es ist ein Konflikt mit einer Geschichte gegenseitiger Verketzerung. Heute aber geht es um Macht und um um die politische Instrumentalisierung der Religion. Menschen sollen entzweit werden aus machtpolitischen Interessen. Dahinter stehen offensichtlich Menschen, die den Konflikt befeuern und die Spaß daran haben, wenn andere unglücklich werden. Ich weiß nicht: Ist es die Lust an der Zerstörung oder Macht über andere? Das ist das Böse.

Es gab 1995 schon eine große Terrorwelle, vor bald 20 Jahren. Sie war nie völlig vorbei. Die Statistik der Morde sollte die Regierung aufwachen lassen. Aber es macht scheinbar gar nichts aus. Es gibt die politisch, die religiös und die ethnisch motivierten Morde. Und natürlich auch die ökonomisch motivierten Morde im Kampf um Verdienstmöglichkeiten. Und daneben die Dunkelziffer der bloß kriminellen Gewalttätigkeiten. Die Mitglieder der MQM-Partei bringen die Mitglieder der konkurrierenden Peoples Party um. Die Sunniten bringen die Schiiten um. Und die rächen sich dann wieder an den Sunniten. Auch die ethnischen Konflikte haben meist einen ökonomischen Hintergrund: Die Pathanen bringen die Biharis um. Denn die Pathanen besetzen jetzt Verdienstmöglichkeiten, die früher die gut ausgebildeten Biharis hatten. Fast das gesamte Transportgewerbe, Busse, Taxis, Überlandtransporte, ist jetzt in der Hand der Pathanen, die früher kaum lesen und schreiben konnten. Die Pathanen haben große finanzielle Reserven, zunächst aus Drogenanbau, dann aus Investitionen, die sie mit den Erlösen aus Drogengeschäften tätigten. Die Biharis haben keinen Landbesitz, können also keine Drogen anbauen. Das Thema Gewalt ist also eingebettet in komplexe Zusammenhänge.

Aber nicht nur das Verstehen der Hintergründe ist wichtig. Gerade weil dieser Teil der Welt, in dem wir arbeiten, von Gewalt geprägt ist, ist es mindestens ebenso entscheidend, dass wir Gegenmodelle anbieten. Schon in den 80er Jahren, als wir mit dem Leprateam in den Stammesgebieten von Afghanistan unterwegs waren, haben wir kein Gewehr im Jeep erlaubt. Wenn Mudjahedins angriffsbereit standen, ging einer von uns aus dem Jeep auf sie zu und sagte: „Überlegt es euch, wir sind unbewaffnet." Es fiel nie ein Schuss. Wenn wir mit Gewehr ausgestiegen wären, hätten die natürlich geschossen.

Gerade in einer Kultur, die auf Waffen so viel Wert legt, ist der Verzicht darauf ein starkes Zeichen, das auch verstanden wird. Das gilt immer noch. Karachi ist heute eine Stadt der Gewalt. Das Militär zeigt starke Präsenz. Schwerbewaffnete sind überall in der Öffentlichkeit, zu sehen, in den Straßen patroullieren Soldaten, Männer mit sichtbar getragenen Pistolen und MGs stehen vor Geschäftseingängen. Waffen aller Kaliber sind offen zugänglich und leicht zu besorgen. In einer Nebenstraße in der Nähe unserer Klinik florieren allein drei Waffengeschäfte. Und gerade deswegen haben wir in unserer Klinik keine bewaffneten Wächter. Da stehen keine Sicherheitsposten mit Maschinengewehren, am Tag nicht und auch nicht bei Nacht. Nicht nur, weil diese Sicherheitsdienste so schlecht bezahlt sind, dass man ihnen gar nicht vorwerfen kann, wenn sie nicht effizient sind. Sondern aus grundsätzlichen Erwägungen. Ein solches radikales Waffenverbot könnte ich natürlich nicht gegen den Willen aller Beteiligten im MALC durchsetzen. Aber wenn jemand etwas anderes verlangte – ich würde immer lautstark und in aller Deutlichkeit erklären: Das ist der falsche Weg! Man kann Gewalt nicht mit Gewalt begegnen, sondern nur, indem man sie unterläuft. Wir haben keine massiven Sicherheitsmaßnahmen. Aber auch keine Sicherheitsprobleme. Heute stehen Patienten vor der Tür unseres Krankenhauses, die sich darum kümmern, dass kein Chaos ausbricht. Das heißt natürlich nicht, dass nichts passieren könnte.

Wer Waffen hat und sie zeigt, der gibt ein Signal: „Ich werde dich notfalls erschießen." Das ist eine Drohung. Und was ist, wenn der andere nicht so lange warten will und selber zuerst den Abzug betätigt? „Wenn du schießt, tötest du als erster, tötest du nicht, wirst du getötet." Das hat ein russischer Soldat gesagt, der in Afghanistan kämpfen musste. Das ist die Logik des Krieges, es ist die Logik des Todes.

In Karachi ist es auch für besser verdienende Menschen kaum möglich, sich ein eigenes Haus zu leisten. Wer ein Haus hat, muss in aller Regel auch einen teuren Sicherheitsdienst bezahlen. Aber: Wer jemanden mit Gewehr einstellt – wie kann der sicher sein, dass die Waffe nicht gegen ihn selber gerichtet wird? Viele Raubüberfälle auf Banken sind vom Sicherheitspersonal durchgeführt worden. Und wie viele Missverständnisse zwischen bewaffneten Menschen haben schon Tote zur Folge gehabt!

Als unser Behindertenheim in Mangopir angegriffen wurde und zwei Wachleute erschossen wurden, haben die anderen wohl gefragt: Sollen wir hier bleiben? Aber es hat kein einziger aus dem Personal oder von den Schutzleuten verlangt: Jetzt müssen Sie uns bewaffnen. Wir haben uns geweigert, Schutzgeld zu bezahlen. Obwohl eine von Deutschen geführte Fabrik in Mangopir auf die Schutzgeldforderungen eingegangen ist. Natürlich bleiben wir nicht nur bei dem Nein, sondern versuchen, strukturell und effektiv etwas zu tun gegen die Gefahr neuer Gewalttaten. Wir haben uns an die höchste Regierungsspitze gewandt, mit der Forderung, dort in Mangopir eine effiziente Polizeistation einzurichten. Es ist auch etwas geschehen. In diesen Tagen gerade kann man überall in der Stadt die Schüsse hören. Der neue Staatspräsident hat verkündet, er würde ungewöhnliche Methoden benutzen und Karachi würde wieder normal werden. Wenn ich frühmorgens in die Messe fahre, habe ich allerdings den Eindruck, dass wir besetzt sind: Soldaten überall. Kontrollen. So kann man keinen Frieden machen.

Wie Sicherheit möglich wäre, Frieden gar? Ein allgemeines Statement kann ich dazu nicht abgeben. Vielleicht gibt es ja Situationen, in denen man Gewalt braucht, um das Recht durchzusetzen? Aber ich tue alles, um Leute zu überzeugen, dass Waffen zu nichts führen. Krieg „macht nie Sinn". Prinzipiell nicht, in meiner Erfahrung. Wie immer im Leben, bestehen auch hier Ausnahmen: Gelegentlich muss man einem Angegriffenen helfen, wenn nötig, mit Gewalt. Was wann zutrifft? Das richtig zu entscheiden, dazu braucht man bestimmt eine gute Portion Gnade.

Ich meine, dass langfristige Veränderungen am ehesten in Nahräumen erreicht werden können. (Strukturelle Entwicklungen brauchen natürlich Großräume.)

Der Frieden braucht Klugheit und Unterscheidungsvermögen. Denn Gewalt hat, wie gesagt, viele Ursachen und viele Motive: psychologische, politische, religöse. Aber auch strukturelle. Nur einige Beispiele: Auch Armut ist Gewalt. Und sie kann Gewalt hervorbringen. Ein Grund, warum Gewalt überall aufbrechen kann, liegt sicher auch darin, dass viele so frustriert sind. 50 Prozent der Pakistanis gehen hungrig zu Bett. Das sind viele Millionen – bei einer Bevölkerung von über 190 Millionen. Die Jugendarbeitslosigkeit ist noch weit höher. Sogar unsere Angestellten so zu entlohnen, dass sie ihr tägliches Brot zahlen können ist schwierig. Die Mehlpreise sind hochgegangen, aber auch die Preise für Öl. Milch ist fast nicht mehr bezahlbar, Zucker ist unerschwinglich. Wie alles, was man braucht, wenn man jeden Tag essen muss. Wir reden gar nicht über Eier oder Fisch oder Fleisch. Oder Gemüse: Hülsenfrüchte konnte sich sonst jeder leisten, heute ist das fast ein Luxusessen. Und die Regierung füllt sich die Taschen. Und wir haben keine Hoffnung, dass sich da irgendetwas bessert. Man muss sich um die Dinge kümmern, die man beeinflussen kann. Sonst kann man nicht überleben.

Natürlich ist das auch eine globale Frage, und die Auswirkungen der weltweiten Finanz- und Wirtschaftskrise sind offensichtlich. Die armen Länder (ich spreche für Pakistan) spüren es wohl mehr als „wir" im Westen. Ob es sich darum handelt, ob die unterste Klasse ein oder zwei Mahlzeiten am Tage hat oder ob man sich einen Zweitwagen leistet (was natürlich bei den Hartz-IV-Empfängern nicht zur Debatte steht, aber die zweite Mahlzeit auch nicht), macht schon einen Unterschied aus.

Armut auch in internationalem Maßstab zu bekämpfen, ist Friedensarbeit. Denn Armut ist eine Brutstätte neuer Gewalt. In Orangi, auf dem Weg nach Mangopir, steht das größte Flüchtlingslager Asiens. Die Menschen dort haben sich organisiert und es aus einem Slumviertel in ein Armenviertel verwandelt. Hier leben auch Menschen, die versuchen, durch Erpresserbriefe aus ihrem Elend zu kommen. Die Armen werden auch den Armen zum Wolf, nicht nur den Reichen. Jeder, der ein Gehalt verdient, jeder, der auch nur in einer Fabrik Arbeit hat, kann ein potentielles Ziel sein.

Auch Krankheit kann Gewalt sein. Und der Kampf gegen Krankheiten ist Friedensarbeit. So wie man sagt, dass

Frieden Medizin für die kranke Welt ist, so ist Heilung der Kranken auch Friedensarbeit. Krankheit, Lepra zum Beispiel, kann eine gewaltsame, aggressive Kraft sein, die Menschenleben zerstört. Die Schwächsten sind Frauen mit Kindern, vor allem Kleinstkinder bis fünf. Sie sterben am schnellsten – besonders wenn sie unterernährt sind. Nicht einmal eiweißreiches Essen ist nötig: Wenn man nur Vitamin A gibt, kann man ein Drittel der Todesfälle verhindern, weil das die Immunität stärkt. Es fehlen uns nicht einmal die Nahrungsmittel oder die Medikamente. Es fehlen die Leute, die sie an diejenigen verteilen, die sie brauchen. Oder Anämien, also Blutarmut: Wenn Frauen schwanger werden, sterben sie viel schneller, wenn sie schon zu diesem Zeitpunkt an Anämie leiden. Wir teilen routinemäßig Medikamente mit Eisen und B-Vitaminen aus. Und wenn Kinder zwar nicht sterben, aber sich wegen Mangelernährung gesundheitlich nicht gut entwickeln, hat das ja Folgen für ihre intellektuelle Entwicklung. Ein ganzes Leben wird so gewaltsam geschädigt. Dass das ungerecht ist, ist klar. Wir wissen das alles. Und es ist auch alles abstellbar. Wenn es möglich ist, warum tun wir es dann nicht?

Friedensarbeit ist nicht nur, aber auch Aufgabe der Politiker. Dass Waffenarsenale insgesamt abgebaut werden, dass Waffenhandel eingeschränkt wird, dass Giftgas- und Atomwaffen tabuisiert werden, das ist für den Frieden in der Welt zentral. Das ist eine strukurelle Aufgabe.

Und was vor allem wichtig ist: Ein dauerhafter Frieden ist ohne Gerechtigkeit nicht vorstellbar. Gerade in Zeiten der Globalisierung hat die Forderung nach Gerechtigkeit eine neue Qualität. Das Geschäftsmodell der globalisierten

Wirtschaft besteht doch darin, dass Waren in den Ländern produziert werden, in denen die Löhne am niedrigsten sind. Die Märkte und die Produktionsorte rücken näher zusammen. Die Unternehmen in Pakistan geben wenig Geld aus für Sicherheitsvorkehrungen, um damit ihre Gewinnspanne noch zu steigern. Die Arbeiterinnen arbeiten für wenig Geld, das vielleicht gerade für den Reis und Gemüse und die Wohnung im Slum reicht. Pakistanische Textilfabriken liefern günstig. In Sindh gibt es riesige Plantagen, wo Baumwolle angebaut und verarbeitet wird. Aber die Arbeiter sind nicht organisiert. Und wo es Gewerkschaften gibt, sind es nicht immer um die Sicherheit der Arbeitsplätze besorgte *pressure groups*. Es sollte die Deutschen interessieren, auf welchem Boden diese günstigen Produkte hergestellt werden. Natürlich führen sie das in den Westen aus und natürlich werden die günstigen Preise auf dem Rücken der Arbeiterinnen kalkuliert. In einer Textilfabrik sind kürzlich 280 Menschen verbrannt. Es gab in dieser Fabrik nicht nur keine Notausgänge, die Ausgänge waren auch von außen zugeschlossen, sodass keiner entkommen konnte. Entschädigungen wurden versprochen, aber nicht ausbezahlt. Viele unserer Patienten waren davon betroffen.

Kann auch ein Einzelner etwas tun? Die Antwort ist eindeutig: ja! Selig, die am Frieden arbeiten, so steht es in unseren heiligen Büchern. Oft sind es schon ganz kleine Dinge, die helfen. Manchmal auch ganz bescheidene Gesten. Wie dieser Tage: Das Team machte sich auf den Weg von Orangi zurück ins MALC-Krankenhaus in Karachi. Ich sitze wie gewöhnlich vorne auf dem Beifahrersitz. Nach ein paar hundert Metern sehe ich einige Burschen auf einer Böschung stehen, Steine in den erhobenen Händen. Es scheint, als würden sie die Steine gleich werfen wollen. In diesem Moment habe ich einen Impuls – und winke diesen Jungen einfach zu. Die Hände mit den Steinen sinken nach unten, die anderen Hände winken zurück ...

Wie das klappen kann: Frieden stiften? Man muss wohl Humor haben, cool bleiben, Dinge so sehen, wie sie sind, damit einem das einfällt, was jeweils angebracht ist. Mut haben, dass man von sich absehen kann ...

Und noch etwas ist nötig: Geduld. Und Konsequenz: Wenn man konsequent auf dem Friedensweg bleibt, bleibt auch dem anderen kaum etwas anderes übrig, als seine Methoden noch einmal zu überdenken. Wichtig ist zudem, sich nicht auf Intrigen einzulassen, nicht mit den gleichen Waffen zurückzuschlagen. Wie gesagt: Manchmal braucht es einen langen Atem, um zum Frieden zu kommen. Und auch den entschiedenen Mut, sich zu wehren, sich Unrecht nicht gefallen zu lassen. Als der sunnitische Gesundheitssekretär in Gilgit unseren schiitischen Leprosy Field Officer Mohammed Ali mit Gewalt und mit allen Tricks aus unserem Projekt herausdrängen wollte, bin ich alle zwei Wochen nach Gilgit gefahren. Immerhin, je nach Wetterlage, 17 bis 25 Stunden über den Karakorum Highway: Ein ziemlich riskantes Unternehmen. Aber da hatte ich das Gefühl, ich muss dranbleiben. Dieser Gesundheitssekretär war ein hoher Militär, der meinen schiitischen Mitarbeiter nur „den Schiiten" nannte, weil der nicht die zehn Prozent abführte, die sonst jede Organisation an ihn abführte und konsequent darauf verwies, es seien Spendengelder, über die er nicht verfügen könne. Er weitete die Schikanen dann auch auf mich aus und er ließ sogar die Dienstwohnung verschließen. Natürlich habe ich sie aufbrechen lassen. Das war mir dann zu viel. Ich kannte den Provinzgouverneur und verlangte eine Anhörung von uns beiden. Bei dem offiziellen Termin habe ich diesen Mann dann mit seinen Unterschlagungen und Korruptionsvergehen konfrontiert. Ich wusste zu viel, ich wusste, wie er die Budgetgelder investierte, zum Beispiel in zahlreiche bestens ausgestattete zahnärztliche Praxen, bei deren Einrichtung er Prozente bekam, und natürlich nicht in unsere Leprastationen, weil er von uns nichts kassieren konnte. Und ich habe ausgepackt, was er sich alles in die eigene Tasche gesteckt hat, dass er seine vier Autos mit diesem gestohlenen Geld gekauft hatte, wo er dazuverdient hat. Der hatte all die Jahre kein schlechtes Gewissen. Ich war so wild. Eine Bloßstellung, wie man sie im pakistanischen Kontext nicht gewohnt ist. Er wurde immer kleiner. In der Konsequenz wurde er entlassen, musste die Dienstwagen abgeben – und hat auch nicht dagegen geklagt.

Hass kann nicht durch Hass geheilt werden. Hass macht blind. Wie man ihn heilt? Dafür gibt es keine Patentrezepte. Keine Situation gleicht der anderen. Wenn ich je selber mit Hass in Berührung gekommen sein sollte, habe ich mein Allerbestes getan, um es schnell zu vergessen. Hass will den Tod des anderen. Er will vernichten und zerstören. Hass macht nicht nur blind, sondern auch dumm. Im Hass ist immer auch Angst. Wer den anderen vernichten will, hat Angst. Im Frieden ist keine Angst. Frieden will Lebendigkeit.

Sogar im Bürgerkriegsland Pakistan wurde Frieden möglich, wenn es gemeinsame Aufgaben gab. Die Lepraarbeit war ein solches Projekt. Noch mitten in den Kämpfen war das möglich. Und auch in den Stammesgebieten haben wir schon immer versucht, mit verfeindeten Gruppen diplomatisch und für alle Seiten akzeptabel umzugehen. Oft haben wir mit den einen gefrühstückt, mit den anderen zu Mittag gegessen, mit den dritten dann das Abendessen geteilt. Wenn das häufiger erfahren wird, spricht es sich vielleicht herum: Es lohnt sich.

Natürlich ist Frieden auch eine globale Entwicklungsaufgabe. Und das ist unser aller Verantwortung, weltweit. Wir stoßen jedes Jahr zweimal so viel Treibhausgase aus, wie die Wälder und Meere absorbieren können. Pakistan spürt die Auswirkungen der Klimakatastrophe hautnah. Anders leben, ökologisch bewusster leben – das ist die Lösung. Es ist ein Weg zu weltweiter Gerechtigkeit und damit auch ein Beitrag zum Frieden. Gerechter wird es auf der Welt nur zugehen, wenn die Menschen im Westen auf Teile ihres Wohlstands verzichten und zum Teilen bereit sind. Anders leben, damit andere überleben können: Dieser Satz ist ein globales Programm. Wer teilt, wer sich selber vom Konsumzwang freimacht, gewinnt selber. Und er trägt dazu bei, dass das Gewaltpotential in dieser Welt abnimmt. Und das Leben eine Chance erhält.

Wenn man gemeinsam etwas Sinnvolles tut, wenn man an einer gemeinsamen Sache interessiert ist, dann wächst Frieden von selber, weil man den andern dadurch besser kennenlernt. Ob das bei Musikern, Sportlern oder Wissenschaftlern oder unter Menschen unterschiedlicher kultureller oder religiöser Prägung ist: Wenn man einen anderen wirklich kennt, kann man ihn nicht mehr hassen. Wenn man den anderen zulässt in sein eigenes Leben, dann ist das Frieden – in aller Regel wenigstens.

Das Entscheidende ist: Man muss die Menschen zusammenbringen. Christliche Krankenhäuser sollten nicht nur Christen anstellen. Lobo ist der erste christliche CEO. Um ihn habe ich gekämpft, nicht weil er Christ ist, sondern weil ich gefühlt habe, dass er in meinem Sinn weitermacht. Wenn Menschen aufeinander zugehen, dann kann Frieden entstehen. Eine Strecke gemeinsam gehen – das sagt die Bibel. Man muss ein gemeinsames Projekt haben, damit man sich kennenlernt, damit man für gemeinsame Dinge die gleiche Begeisterung teilt.

Gemeinsamkeit, konkretes Miteinander, gelebte Toleranz: in unserem Krankenhaus arbeiten Schiiten, Sunniten, Christen, Hindus zusammen und ebenso auch im Außendienst. „Khuda ka banda", oder „Khuda ki bandi" – wenn uns jemand aggressiv nach unserer „Zugehörigkeit" ausfragt: „Wer bist du?!", dann ist die Antwort: „Von Gott erschaffen, was sonst?" Und in der gemeinsamen Hingabe an den Kranken und Hilfsbedürftigen ist jeden Tag genügend Gelegenheit, die Kostbarkeit jedes, jedes Menschen nicht nur zu reflektieren, sondern auch zu leben. Und zu hoffen, dass sie diese Erfahrung gegen alle menschenfeindlichen Tendenzen immunisiert.

Das gilt für Karachi wie für Europa. Freunde erzählten mir von einer Initiative in Hamburg, wo deutsche Eltern ausländischen Kindern Nachhilfe geben. Früher hallten ihnen in diesem Viertel Schimpfwörter entgegen. Inzwischen rufen die Kleinen „Abba" aus dem Fenster, wenn sie ihre Nachhilfelehrer sehen.

Was kann schöner sein?

12
Islam, Islamismus und die Christen

Irgendetwas stimmte nicht auf der Station. Die Unruhe, das Getuschel. Dann einer der Patienten: „Nun schalte aber ab!", und ein zweiter: „Lass den Unsinn doch endlich!" Und der alte Mann, der sich in der Mitte der Station postiert hatte: „Aber ich muss es ihr sagen!", und er verlor keine Zeit. „Ich bin ein alter Mann jetzt", begann er, „und ich kann jeden Tag sterben – und sie sind so eine gute Frau, und ich möchte Sie doch so gern im Himmel wieder sehen. – Können Sie nicht Muslimin werden?!" Ich war wirklich gerührt. „Ich habe Sie auch ins Herz geschlossen", sagte ich, „ich bin überzeugt, der Herrgott wird eine Ausnahme machen", sagte ich, „fragen Sie ihn ruhig, wenn Sie ankommen! Aber mein Vater war ein Christ, mein Großvater war ein Christ, mein Urgroßvater war ein Christ, ich kann jetzt doch nicht wechseln?" Das fand er logisch. Und dass der Herrgott Ausnahmen machen konnte, ja, das konnte er sich auch vorstellen. Ich verabschiedete mich von ihm: „Beten Sie für mich!" Die Visite über die Männerstation ging weiter.

Auch das ist eine Geschichte zum Verhältnis von Islam und Christentum. Aber nicht die ganze Geschichte.

Der Schock passierte am 22. September 2013: Die über 600 Gläubigen strömten gerade aus dem Sonntagsgottesdienst in Peshawar, da sprengten sich unmittelbar vor der Kirche zwei Attentäter in die Luft und richteten ein Blut-

169

bad an. Jeder der beiden hatte sechs Kilogramm Sprengstoff am Leib, sagte die Polizei. Der Anschlag ereignete sich vor einer der ältesten Kirchen der Stadt, in einer belebten Zone mit vielen Märkten und Einkaufszentren. Der an Afghanistan grenzende Nordwesten Pakistans ist eine Hochburg islamistischer Aufständischer.

Bashir, der Leiter unserer Sozialabteilung, der aus Peshawar stammt und dessen Familie unter den Gottesdienstbesuchern war, ist noch am selben Tag nach Peshawar geflogen. Er sagt, sie begraben noch immer täglich fast 50 Menschen am Tage. Am Ende sprach man von 280 Opfern. Und das von einer einzigen Pfarrei. Wie viele sind übrig geblieben? Die Krankenhäuser sind total überfordert mit der Zahl der Verwundeten. Verwundete liegen in Notbetten am Boden.

Bashirs Familie hat fünf Mitglieder verloren. Angel, ein Mädchen, die Jüngste, war verschwunden. Die haben sie erst wieder gefunden, nachdem sie Stunden mitten unter den Verwundeten gelegen war und in ein Krankenhaus eingeliefert worden war, durch schwere Verbrennungen verunstaltet. Und als sie aufwachte, erkannte sie den Mitpatienten im Nebenbett, einen Nachbarn. „Onkel", weinte sie verzweifelt, „ruf meine Mutter an, die findet mich doch nie hier! Wie soll sie wissen, dass ich hier bin?!" Ihre Mutter hatte sich von ihrem toten Mann, Angels Vater, mit den Worten verabschiedet: „Sorry, I cannot stay with you, I have to look for our daughter." Um dann ihre Tochter zu suchen, von der sie nicht wusste, ob sie unter den Toten oder Lebenden war. Jetzt ist die Kleine wieder zu Hause. Bashir hat sie nach Hause getragen.

Weil ihr Papa ja nicht mehr da ist. Vorher wurden aber im ganzen Hause die Spiegel entfernt. Damit Angel sich nicht sehen kann.

Die Terroristen waren klar erkennbar. Taliban, um die 20 Jahre. Bashirs Schwager hat versucht, einen von ihnen noch aufzuhalten. Ihn hat es zerfetzt, es konnten nur noch Teile von ihm beerdigt werden. Aber er konnte verhindern, dass die Bomben in der Kirche gezündet worden sind. Die Folgen wären noch schlimmer gewesen. Im Jahr 2009 hatten aufgebrachte Muslime in der Stadt Gojra im Punjab 40 Häuser und eine Kirche in Brand gesteckt. Damals starben mindestens sieben Christen in den Flammen. Auslöser der Übergriffe waren Berichte über Koran-Schändungen. Was sagt der Terroranschlag vom September 2013 über die Situation der Christen aus?

Tatsache ist: Eine Woche später war wieder ein Gottesdienst in der Kirche. Die Kirche war voll. Keiner lässt sich abschrecken.

Beeindruckend auch: Ich kann mich nicht entsinnen, dass wir je so einen Protest quer durch Pakistan gegen eine Terroraktion hatten wie im Falle von Peshawar! Premierminister Nawaz Sharif verurteilte den Anschlag. Es sei gegen die Lehren des Islam und aller Religionen, Unschuldige anzugreifen: „Terroristen haben keine Religion." Sharif versucht freilich auch, seit seiner Amtsübernahme im Juni Gespräche mit den pakistanischen Taliban (TTP) in die Wege zu leiten. Bislang erfolglos.

Nicht-Muslime – darunter fallen neben Christen beispielsweise auch Hindus – stellen weniger als drei Prozent der über 190 Millionen Pakistanis. 97,8 Prozent sind

171

Muslime, Christen machen nicht einmal zwei Prozent aus. Claudia hat nach dem Anschlag von Peshawar gefragt, ob ich meine, Christen seien mehr gefährdet als andere Minderheiten. Ich habe ihr gesagt: „Nein." Und Lobo, der bei dem Gespräch dabei war: „*Alle* sind in diesem Land gefährdet. Minderheiten *doppelt.*" An erster Stelle stünden aber nicht die Christen, sondern die Ahmadis, eine islamische Sondergemeinschaft, die als häretisch gilt. Und dann die Schiiten.

Ich habe es früher gesagt, und halte es immer noch aufrecht, dass ich hier, im muslimischen Milieu von 2013, keine außergewöhnlichen Schwierigkeiten als Christin und Ordensfrau habe; ich kenne niemanden in meinem muslimischen Freundes- und Bekanntenkreis, der meine „Gebetszeiten" nicht schätzt. Es gibt eine muslimische Sitte, dass man sich fünf Tage in die Moschee zurückzieht und mit keinem spricht. Katholische Exerzitien werden entsprechend hochgeschätzt. Und kulturell werden die christlichen Schulen (besonders diese) und Krankenhäuser und Sozialinstitutionen sehr geschätzt. Über theologische Differenzen redet sowieso keiner.

Ich selber habe keine große Angst. Wenn mich der Mob nicht kennen und daher angreifen sollte, dann vielleicht wegen der Tatsache, dass ich „weiß" bin, und das ist für viele Pakistanis inzwischen identisch mit mit „amerikanisch". Aber ich entsinne ich mich an nichts Konkretes, was gefährlich gewesen wäre. Ich habe ja immer pakistanische Freunde und Mitarbeiter um mich, die in kritischen Situationen klarstellen, dass ich Deutsche bin. Und die dann auch erzählen, was wir tun. Es hat Übergriffe auf Christen gegeben. Und es wird auch künftig Übergriffe geben, aber doch selten gemessen daran, wie viele Menschenleben die sunnitisch-schiitischen Streitereien gekostet haben und immer noch kosten.

Kein Wunder, dass Politik und Religion sich bei diesem Thema immer vermischen und dass es so schwer ist, auseinanderzuhalten, was wirklich religiös ist und was Politik. Und was der Patriarchalismus einer von Stammesgesetzen geprägten Gesellschaft auf einer bestimmten Entwicklungsstufe. Sicher, es gibt da das sogenannte Blasphemiegesetz, das ein Skandal ist. Aber es betrifft nicht nur Christen. Dieses Gesetz verbietet eine Verunglimpfung heiliger Stätten, heiliger Schriften und des Ansehens aller Propheten, besonders des Propheten Mohammed. Wer angeklagt und von einem Gericht für schuldig befunden wird, den Propheten Mohammed beleidigt oder entehrt zu haben, dem droht die Todesstrafe. Für die Entehrung des Korans ist eine lebenslängliche Haftstrafe vorgesehen. Erst kürzlich sind zwei Muslime aufgrund eines solchen Verdachtes von Fanatikern umgebracht worden, bevor es überhaupt zu einer Anklage kam. Sollte ein Angeklagter von einem Gericht freigesprochen werden, läuft er trotzdem Gefahr, von Extremisten umgebracht zu werden. Der Mob ist schnell aufgehetzt. 23 Personen wurden in der Zeit von 1990 bis 2006 allein aufgrund einer gegen sie erhobenen Anklage wegen Blasphemie von Fanatikern ermordet, 17 von ihnen waren Muslime, sechs waren Christen.

Aber es gibt im Land auch Widerstand gegen dieses Gesetz. Falschanklagen wegen Blasphemie sollen in Zukunft die Todesstrafe nach sich ziehen. Das schlug kürzlich ein Beratergremium der pakistanischen Regierung vor. Dieses

Gremium unterstützt als Verfassungsorgan Regierung und Parlament in Fragen, die den Islam betreffen. Die Sanktionierung solle davon abschrecken, den Straftatbestand der Verunglimpfung von Religion „zur Austragung persönlicher Streitereien zu benutzen", sagte ein Sprecher des pakistanischen „Rates für islamische Weltanschauung" nach Medienberichten. Wie gesagt: Es trifft nicht nur Christen. Nach Erhebungen der Nationalen Kommission für Gerechtigkeit und Frieden (NCJP) sind zwischen 1987 und Juni 2006 insgesamt 793 Personen der Blasphemie angeklagt worden. 52 Prozent waren Muslime, 34 Prozent Ahmadis, 12 Prozent Christen, ein Prozent Hindus, und von einem Prozent ist die Religionszugehörigkeit nicht bekannt. Ohne etwas bagatellisieren zu wollen: Dass Christen, wegen der kritischen Weltöffentlichkeit, in einer besseren Lage sind als die unter dem Blasphemiegesetz angeklagten Muslime, steht immerhin auch fest.

Der Islam ist Staatsreligion, und die Verfassung Pakistans gibt muslimischen Bürgern klar den Vorzug vor Nicht-Muslimen. Minderheiten werden zu Bürgern zweiter Klasse, insofern als etwa ihr Status als Zeuge vor Gericht eingeschränkt ist. Sie können nicht Richter werden oder als Rechtsanwalt agieren in Verhandlungen, welche sich auf das islamische Recht beziehen. Und doch finden alle substantiellen Gesetze auch für religiöse Minderheiten Anwendung. Benachteiligungen sind ein Faktum bei Anstellungen, Beförderungen, vor Gericht: Da ist Christsein sicher oft immer noch ein Minuspunkt. Aber das heißt natürlich nicht, dass man sich mit der Essenz des Christ-Seins kritisch auseinandergesetzt hätte. Da sind einfach auch soziale Vorurteile im Spiel: Die Christen sind meistens Punjabis. Und die Punjabis kommen gleich nach den Amerikanern. Überdies können sie ihre Kinder meistens zur Schule schicken, und haben deshalb bessere Chancen, einen Job zu finden. Das ruft Neid hervor. Und Neid erzeugt Aggression.

Wenn ein Mullanah in der Moschee verkündet, der und die habe den Koran entheiligt, stürzt der Mob los. Dann werden auch Menschen gelyncht. Oft passiert das nach den Freitagspredigten. Wenn sich der Islam nicht zutiefst als politisches System verstünde, wären diese Freitagspredigten wohl nichts anderes als Auslegung der heiligen Schriften. Oft sind es auch tatsächlich nur fromme Exegesen, so wie Sonntagspredigten in christlichen Kirchen eben: Anleitungen zu einem gottgefälligen Leben. Aber eine politisierte Predigt kann auch Aggressionen schüren. Das geht so weit, dass wir in der Regel in der Zeit nach dem Freitagsgebet nicht mehr auf die Straße gehen.

Das MALC stellt Mitarbeiter nicht nach Religionszugehörigkeit an. Mahmood ist einer der jüngst Angestellten und Muslim. Er arbeitet in Quetta/Baluchistan. Vor zwei Wochen hat er sein Leben und seinen Privatwagen riskiert, um einem (christlichen) Strafgefangenen zur Entlassung aus dem Zuchthaus zu verhelfen, und gestern habe ich ihn gebeten, sich doch für zwei tschechische Studentinnen einzusetzen, die in Baluchistan entführt worden sind – die Information über die Religionszugehörigkeit haben wir nicht einmal ausgetauscht. So wie ich nicht weiß, ob die fünf blindgeborenen Geschwister in seinem Gebiet muslimisch sind.Mahmood hat die Möglichkeiten zur Cornea-Spende herausgefunden, also einer Hornhautspende für eine Transplantation. Jetzt wollen wir sehen, was wir zusammen erreichen können. Oder Dr. Jalal: Auch er ist Muslim. Er hat jetzt den nördlichen Teil Pakistans übernommen und würde alles für uns tun. Natürlich hat gerade sein Haupteinsatzgebiet Risiken. Muslime sind nicht blind. Sie können wohl unterscheiden, aus welcher Motivation sich jemand einsetzt.

Trotzdem stimmt: Das Klima hat sich geändert. Wir haben kürzlich eine alte Film-Dokumentation über unsere Arbeit ausgegraben, die Josef Reding in den 60er Jahren gemacht hat: Ich mit knapp 30, engem kurzen (sehr kurzem) Rock, auf Station – so unbefangen könnte heute keiner mehr herumlaufen. Und heute ist die Burka (die Ganzkörperverschleierung) „in" in Karachi. Für viele mag sie auch Mode sein. Der eine oder andere lässt sich auch einen Bart wachsen, aber das ist nicht häufig und manchmal wohl auch Mode. Und wenn in den 70er Jahren im Projekt in Karachi zwei, höchstens fünf gefastet haben im Ramzan, sind heute die Verhältnisse umgekehrt. Es wird überall gefastet, auch bei uns in der Klinik. Ich weiß noch: 1980 fing eine Frau aus der Ärzteschaft an zu fasten. Sie war die einzige und wurde angestarrt als sei sie von einem anderen Stern. Heute fasten alle, trinken auch nichts, schlafen nur kurz. Wir arbeiten in dieser Zeit auch nur von 8 bis 14 Uhr. Danach kann man sich nicht mehr darauf verlassen, dass die Menschen im Krankenhausalltag noch richtig reagieren.

Das Stichwort heißt: Islamisierung. Nach dem 11. September 2001, mit der zunehmenden Islamfurcht, suchte man nach seiner Identität. Islamismus ist der Sammelbegriff für eine aktuelle Konzeption des Islam, die sich bewusst gegen die westliche Moderne artikuliert und sich politisch positioniert. Die Islamisierung kann man zum Teil auch als Reaktion verstehen. Sie fand tatsächlich so, wie wir sie heute erleben, erst nach 9/11 statt. Das ist weniger eine vom Staat gesteuerte oder gelenkte Sache. Den Staat nimmt keiner ernst. Aber bei den Menschen merkt man es: Die Burkas, die Bärte, sie sind symbolischer Ausdruck einer neuen sozialen Identifikation mit einer bestimmten kulturellen Tradition, die in der Abgrenzung neues Selbstbewusstsein sucht und sich damit auch auf das öffentliche Leben auswirkt.

Die Unterstellung, dass der Islamismus, den wir heute beobachten, in Pakistan schon unter Zia-ul-Haq so stark gewesen sei, ist selber schon Ausdruck der Islamophobie. Als militante Islamisten damals eine Missionsschule in Rawalpindi angriffen, hat Zia alle Schäden sofort bezahlt. Und als Papst Johannes Paul II. auf seine Einladung im Februar 1981 nach Pakistan kam, hat Zia die Christen aus dem ganzen Land mit der Eisenbahn kostenlos nach Karachi transportieren lassen, damit sie ihr geistliches Oberhaupt sehen konnten. Es ist also wichtig, zu unterscheiden, wenn man die aktuellen Phänomene verstehen und beurteilen will.

Heute gibt es eine Zunahme der Grausamkeiten – die Statistik der Morde in Karachi spiegelt genau wider, was sich ereignet hat und ereignet. In der Zeit von 2002 bis 2012 hat sich die Zahl mehr als verdreizehnfacht. Aber bei weitem nicht alles davon ist den Taliban zuzuschreiben! Und auch Gewalt in der Ehe gibt es nicht nur heute (und nicht nur in Pakistan) – trotzdem, man hat sich so an die Ge-

177

waltszenen gewöhnt, dass es mich beunruhigt. Natürlich machen auch mir eine ideologische Islamisierung und die Talibanisierung Sorge: Etwas Verantwortbares darüber zu sagen, ist sehr schwierig – es ist ein sehr komplexes Phänomen. Alles was ich darüber schreiben könnte, wäre reine Spekulation. Ich würde daher auch nicht behaupten: Die Islamisierung begann in Pakistan erst mit dem Angriff der Amerikaner auf Afghanistan. Richtig ist allerdings, dass sie damit einen entscheidenden Impuls erhielt – der auch in gewissen Bereichen schon wieder versickert ist, weil die Islamisten nicht zu regieren wissen, wenn sie an der Macht sind. Das vorletzte Wahlergebnis der nordwestlichen Grenzprovinz (NWFP) war 2008 zwar ein überwältigender Sieg der muslimischen Parteien gewesen, und das sicher als Reaktion auf den Einmarsch Amerikas in Afghanistan – 2013, fünf Jahre später, aber sind die muslimischen Parteien alle vom Tisch, die NWFP hat eine Provinzial-Regierung, die fortschrittlichste Partein „Bewegung für Gerechtigkeit" (Parteiführer ist Imran Khan, das Cricket-Idol Pakistans), mit einem starken Anteil der Jungwähler.

Grundsätzlich ist auch richtig: Da der Islam sich als politisches System versteht, ist der religiöse Ausdruck auch politisch geformt und daher hat sich die Politik in diesem Land andererseits stärker religiös imprägniert. Das ist also nicht unnormal. Was mich wirklich beunruhigt hat, ist eine Geschichte aus Buner (einem Distrikt in den Bergen): Die (offiziell schon abgezogenen) Taliban, die aus der Gegend stammen, haben sich mit den Schulkindern angefreundet. Ihre Argumentation verläuft nach dem Muster: „Im heiligen Koran ist geschrieben, du sollst deinen Vater und deine Mutter ehren und ihnen keine Sorgen machen. Ihr wisst, dass eure Eltern sich sorgen, wenn sie erfahren, dass ihr zu uns kommt, also erzählt ihnen das nicht. Aber erzählt uns alles, was ihr zu Hause hört und redet und was ihr tut, dann können wir euch genau sagen, ob ihr damit geradenwegs in den Himmel kommt. Und das wird eure Mutter dann wieder freuen –."

Hunger, Hitze, kein Waschwasser – das kann man alles ertragen. Diese andauernde Unterwanderung macht uns Sorge.

Was können wir im Projekt tun? Wir haben uns ganz darauf spezialisiert „das Rechte" zu tun, weiter zu arbeiten, und darauf zu vertrauen, dass das Menschen auch in Zukunft überzeugt. Als der Erpresseranruf in unserem Behindertenheim in Mangopir einging, hat sich Javad, der verantwortliche Lepraassistent, der am Telefon war, ausgezeichnet verhalten. Er ging auf die Geldforderung gar nicht ein, sondern hat nur davon gesprochen was wir tun, wie wir den Menschen helfen, dass wir Spenden aus dem Ausland erhalten, die streng dafür bestimmt sind, dass sie diesen armen Behinderten zugute kommen und so weiter. Er hat so lange geredet, bis der andere wieder auflegte …

Wer die pakistanischen Taliban eigentlich sind, die sich in ihren Aktionen auch gegen die eigene Regierung richten? Da ist eine Ideologie, eine Sache in den Köpfen. Keiner weiß, wie das zu lösen ist. Lobo beobachtet die Gesamtsituation kritischer, wenn er sagt: Es gab eine Zeit, als die schweigende Mehrheit darin übereinstimmte, dass politische Extremisten oder Taliban nicht so bedeutend sind.

Inzwischen hat er den Eindruck, dass die Stimmung kippt, dass also die schweigende Mehrheit zur schweigenden Minderheit wurde und dass immer mehr der islamistischen Ideologie anhängen. Natürlich würden sie alle sagen, es ist nicht muslimisch, jemanden umzubringen. Aber der Druck, sich zu rechtfertigen, führt oft dazu, dass die Grenzen verschwimmen und auch üble Taten gerechtfertigt werden. Und die, die diese Verbrechen wirklich verüben – sie wissen nicht, was sie tun. Das ist wie bei Gehirnwäsche. Die meisten sind Jugendliche. Sie werden benutzt – und gut bezahlt. Es ist genug Geld dafür da. Und wie man hört, gibt es Geschäftsmodelle etwa bei Kidnapping, die wie bei Subunternehmen funktionieren: Die Entführten werden einfach weiterverkauft und die Lösegeldsummen so in die Höhe geschraubt. Aber das hat nichts mit Religion zu tun. Es ist schlicht ein kriminelles Geschäft.

Auch für Lobo, der jetzt die Verantwortung im Projekt hat, ist klar: Wenn die Stimmung im Land kippt, ist das auch für uns nicht ungefährlich. Die Situation im MALC ist heikler geworden, und wir müssen die neue Empfindlichkeit der Menschen respektieren. Lobo sagt: „Ich muss in allen Entscheidungen sehr sensibel sein, um zu verhindern, dass sich irgendjemand in seinen Emotionen verletzt oder angegriffen fühlt. Das wäre das Ende. Deswegen ist Fingerspitzengefühl und die Balance auch so wichtig." Lobo sagt auch: „Mein Vorgänger in der Leitung des MALC war Muslim. Aber ich weiß, dass die Angestellten, auch die muslimischen, mehr hinter mir stehen, als sie hinter ihm standen. Und ich bin Christ. Sie respektieren mich für das, wofür ich stehe." Das ist im Übrigen nicht

180

neu. Es ist auch meine Intention immer gewesen: Wir reden im Projekt nicht über Religion oder über das, was christlich ist oder nicht. Wir reden darüber, was menschlich ist. Religionen sollten der Menschlichkeit dienen. Und wenn wir jemanden bewusst in Verlegenheit bringen mit unseren eigenen religiösen Vorstellungen, dann ist das in meinen Augen schon eine Sünde.

Es wäre schon hilfreich, wenn man im Westen so auf den Islam sehen könnte, dass archaische und Stammesstrukturen nicht mit den religiösen Inhalten verwechselt werden. Etwa wenn es um die Rolle der Frau geht. In Pakistan und auch im Westen hat das Buch von Tehmina Durrani Aufsehen erregt, einer Angehörigen des paschtunischen Stamms der Durrani, aus einer sehr reichen und gebildeten Familie, die ich kenne, weil ihre Mutter unsere Arbeit einmal durch eine Schenkung unterstützen wollte. Ihr autobiographischer Roman *My Feudal Lord*, deutsch unter dem Titel *Mein Herr und Gebieter* erschienen, beschreibt die traumatischen Erfahrungen mit ihrem Ehemann Mustafa Khar, und prangert ein feudales, männerdominiertes Wertesystem an. Der Mann, dessen sechste Frau sie war, verlangte nach der Eheschließung absolute Unterwerfung und er hat sie auf eine unvorstellbar gewalttätige Weise misshandelt. Tehmina hat das viele Jahre lang vor der Öffentlichkeit und insbesondere vor ihrer eigenen Familie verborgen, um den Clan nicht zu entehren, und erst nach jahrelangen Qualen und einem erfolglosen Suizidversuch begann sie, sich auch körperlich zu wehren und trennte sich schließlich von ihrem Mann. Nach der Veröffentlichung ihres Buches stand sie monatelang unter Polizeischutz. Auch der eigene Vater hat sie zunächst verstoßen. Ich erinnere mich an ein Kapitel, wie dieser Mann ihren Lieblingshund zu Tode gequält und ihre gemeinsamen Kinder in der Badewanne beinahe ertränkt hat. Schrecklich! Aber das hat nichts mit der Religion zu tun. Es ist die archaische Männergewalt eines sadistischen Großgrundbesitzers.

Was die Rolle der Frau in der islamischen Gesellschaft angeht, so geht da eine stille Revolution vor sich, die sich überall abspielt: In den Städten der islamischen Welt hat sich die gesellschaftliche Lage der Frau zweifellos zum Positiven verändert. Frauen besuchen die Universitäten und sind in Führungspositionen. Sie werden sich auch künftig selber darum kümmern, dass diese Entwicklung weitergeht. Und das wird sich auch auf die Situation von Frauen in einfacheren sozialen Verhältnissen auswirken. Fernsehen ist für weite Kreise inzwischen zugänglich. Und das wirkt sich ebenfalls positiv aus. Die Frage ist: Wie lange werden die Männer brauchen, um zu verstehen, dass sich die Zeit geändert hat? Dass die häusliche Gewalt zunimmt ist auch ein Zeichen ihrer Verunsicherung.

Wenn wir über das Verhältnis von Christentum und Islam sprechen, muss man sich immer klarmachen: *Den Islam* gibt es nicht. Es existiert auch keine verbindliche islamische Autorität. Der Begriff Islam meint im Arabischen: Selbsthingabe an Gott. Im Koran wird auch Abraham in diesem Sinne als Muslim bezeichnet, als jemand, der sich ganz Gott hingegeben hat. „Der Islam", als die von Mohammed verkündete Religion, ist heute die zweitgrößte Religionsgemeinschaft innerhalb der drei monotheistischen Offenbarungsreligionen. Wer von Islam spricht, kann damit nicht eine monolithische Einheit meinen, sondern die Gesamtheit der Lebensarten, die diese Religion in Geschichte und Gegenwart ausgeprägt hat: Da gibt es die mystischen Strömungen, es gibt die rechtlich formierten Systeme in unendlich vielfältigen Ausprägungen und natürlich auch die stark politisierten Formen. Was heute die unterschiedlichen Strömungen verbindet: Diese Religion hat sehr starke rituelle Formen geschaffen, die gemeinschaftsstiftend sind, wie die fünf täglichen Gebete oder die Fastenzeit mit ihrer strengen Bindung.

Gemeinsam ist Christen und Muslimen zunächst: Wir sind monotheistische Religionen. Das zweite: Die Nächstenliebe ist in beiden Religionen vorgeschrieben.

Der Islam sieht die Hingabe an Gott als grundlegend an. Gott ist der absolut Transzendente. Entscheidend ist nicht, dass Gott uns etwas gibt, sondern: Er ist gegenüber dem Menschen der absolut Souveräne. Unterwerfung unter Seinen Willen ist das Entscheidende. Natürlich gibt es auch die Liebesmystik des Sufismus. Aber da herrscht unter Sunniten (die mit 1,5 Milliarden weltweit mehr als 90 Prozent der Muslime darstellen) nicht selten die Meinung, das sei eine ketzerische Entwicklung.

Das Christentum glaubt nicht nur an den erlösenden Kreuzestod – für Muslime fast eine blasphemische Vorstellung. Christen glauben auch an die Gegenwart Gottes in Jesus, also an Gottes Vergegenwärtigung unter uns Menschen. Das Göttliche entwickelt sich nach christlichem Glauben in der Geschichte mit der Idee der Inkarnation. Für Muslime ist es abgeschlossen mit der „Inlibration", wie Annemarie Schimmel das einmal genannt hat, also mit der ein für alle Mal geschehenen Offenbarung im göttlichen Koran. Ein Christ glaubt, dass er Gott auch im Mitmenschen begegnet, dass ihn im Armen, Elenden, Behinderten, Trauernden, Hungernden auch der Anspruch des Absoluten trifft, dass man also Gott wirklich begegnen kann, indem man hilft: „Ich war hungrig und ihr habt *Mich* gespeist, ich war im Gefängnis und ihr habt *Mich* besucht ..."

Ein Muslim wird nicht in dieser Begründung mitgehen. Aber durchaus darin: dass man helfen soll. Denn darauf ruht für den Muslim das Wohlgefallen Gottes. Aber es ist nicht diese unmittelbare Gottesbeziehung und Gotteserfahrung, die für einen Christen darin liegen kann. Der Islam sagt: Gott kann man bis zu einer gewissen Beziehung erkennen. Aber man kann Ihn nicht lieben. Mit muslimischen Freunden habe ich darüber intensiv diskutiert. Bis wir herausfanden, dass im Alten Testament das Wort „erkennen" für den Liebesakt verwendet wird. Ob heute noch ein solcher Dialog möglich wäre, ich weiß es nicht.

Eine Klage über das Unrecht oder über das Leiden im Leben gibt es für den gläubigen Muslim nicht. Sich Allahs Willen zu unterwerfen, gibt inneren Frieden. Ein solcher Glaube macht das Leben einfacher. Auch das schwerste. Kürzlich habe ich bei der Visite auf der Frauenstation eine Kranke, deren Leprageschwüre wieder aufgebrochen waren und die dennoch ausgesprochen strahlte, gefragt: „Beklagen Sie sich denn nicht?" Ihre Antwort: „Wie sollte ich? Ich habe doch dreimal am Tag eine Mahlzeit und ein sauberes Bett. Was will ich mehr?" „Und über das Leben beklagen sie sich auch nicht?" Ihre Antwort: „Allah hat es gegeben! Allah sei gepriesen."

Wie kann ich darüber urteilen? Wie kann man sich über Wahrheit und Werte verständigen in einem Bereich, zu dem man keinen Zugang auf logischem Weg hat?

Die Wahrheit ist uns anvertraut und wir dürfen sie nicht verraten oder preisgeben. Aber für die volle Erkenntnis der ganzen Wahrheit, dafür ist unser endlicher menschlicher Verstand nicht geschaffen. Wir erkennen immer nur Teile, nur Aspekte der Wahrheit. Wir sollten also dem anderen das Recht geben, seine Sicht auf diese ewige, kostbare Wahrheit aus seinem Blickwinkel zu haben. Wenn wir die Frage der letzten Wahrheit nie lösen können: Was bleibt uns zu tun? Solange wir in dieser Welt sind, sollten wir Liebe und gegenseitiges Verständnis leben. Als Schwestern und als Brüder. Wenn sich Christen und Muslime in dieser Haltung begegnen, wenn Respekt und Toleranz die gegenseitige Beziehung prägen, dann ist die Aufgabe eines Dialogs in erster Linie, herauszufinden, was den anderen motiviert, ihn also von innen her zu verstehen. Das ist nicht immer leicht, aber nur so können wir Verständnis füreinander suchen und finden.

Was uns gemeinsam wichtig ist, wird immer nur in der Praxis erprobt. Die praktische Seite des Miteinanders, vor allem in Krisenherden, setzt keine theologische Verständigung in Glaubensdingen voraus.

Auch das gemeinsame Gebet ist wichtig, weil aus der gemeinsamen Ausrichtung im Gebet nicht nur die Wahrnehmung des Anderen als „anders" und „fremd" zurückgenommen wird, sondern weil im Bezug auf Gott gemeinsames Handeln erwachsen kann.

Gebet und Praxis gehören zusammen: Dem Anderen helfen in seiner Not, diese elementare Beziehung von Mensch zu Mensch, liegt noch vor jeder religiösen oder kulturellen Differerenz. Wenn ich dem anderen helfe, gibt es kein Akzeptanzproblem. Der Verdacht einer religiösen Indoktrination kommt nicht auf. Nur so haben zum Beispiel auch unsere christlichen Helfer im Afghancamp von Karachi überhaupt eine Chance. Sie missionieren nicht. Katholiken „missionieren" in Pakistan heute überhaupt nicht mehr. Und wenn jemand mit missionarischen Absichten in unser Team käme, würde ich ihn bitten, nicht zu bleiben. Christentum muss durch die Praxis überzeugen. Und nur durch Osmose ist Verwandlung möglich. Was wir tun können: miteinander beten. Und das tun wir auch, regelmäßig.

Wenige Tage vor dem Anschlag in Peshawar hatten sie in der Klinik meinen 84. Geburtstag gefeiert. Es waren Schiiten da und Sunniten, Christen und Muslime und Hindus. Es gab Reden, es wurde gesungen und man fütterte mich mit einer Schokoladengeburtstagstorte. Das Schönste an der Veranstaltung: Am Anfang wurde der heilige Koran rezitiert. Dann gab es eine Lesung aus der Bibel. Und schließlich einen Gesang aus der Gita, dem heiligen Buch der Hindus.

Besonders das, dass ein Hindu, der doch an unzählige Manifestationen des Göttlichen glaubt, aus der Gita sang, das ist revolutionär. Eigentlich müssten streng monotheistische Muslime den Raum verlassen. Aber es war ein freundliches und fröhliches Einvernehmen auch jetzt wieder, bei diesem Fest. Und das war durchaus nichts Außergewöhnliches. Kein Workshop in unserem Projekt, keine

Feier, auch kein religiöses Fest einer der drei religiösen Gruppen, das nicht mit einem gemeinsamen Gebet begonnen würde. Es ist immer das Gleiche: zuerst die Rezitation aus dem heiligen Koran; dabei bedecken wir unseren Kopf mit einem Tuch. Dann die Lesung aus der Bibel oder ein spontanes Gebet eines Christen und am Ende die Rezitation aus den Texten der Gita durch einen Hindu. Erst danach beginnen die Vorträge oder die Reden und erst jetzt kann der Tee gereicht werden. Wir würden etwas vermissen, wenn da eine der religiösen Gruppen ausgelassen würde. Am Anfang der Geburtstagsfeier hatten sie Rosenblätter gestreut, auch ein Brauch mit einem hinduistischen Hintergrund.

Man kann viel Kritisches über Pakistan sagen. Aber ich bestehe darauf: Auch das MALC ist Pakistan. Und warum sollte das, was hier möglich ist, nicht eines Tages im ganzen Land möglich sein?

Mit den Blumen von dem Fest hat Almas übrigens unsere kleinen Kapelle, den „Prayerroom" im zweiten Stock unseres Verwaltungsgebäudes, dekoriert. Die Rosenblätter hat sie in einer Schale in der Kapelle gesammelt und vor den Altar gestellt. Sie behalten ihren wunderbar intensiven Duft sehr lange.

Meine Mitschwester ist ganz glücklich darüber.

13
Alte Wege, neue Wege

„Lieber ein uneheliches Kind!" Das war die spontane Reaktion meines Vaters, als ich ihm gesagt hatte, ich wolle ins Kloster eintreten: Kloster – das war für ihn das absolut Letzte. Ich habe meine Eltern sehr geliebt und wurde von ihnen geliebt – aber ich fühlte mich frei, mich von ihrer bürgerlichen Lebensform und ihrer religiösen Welt zu lösen.

Meine Eltern haben mir keine bestimmte Lebensphilosophie vermittelt. Und doch haben sie eine wichtige Rolle bei dem gespielt, was dann in meinem Leben geschehen ist. Sie haben mich erzogen durch ihre Art, zu leben. Meine Mutter wollte nie etwas für sich. Bei ihr konnte man kaum etwas falsch machen. Das lag nicht nur an ihrem großen Herzen. Bei sechs Kindern hatte sie auch gar nicht die Zeit, alles zu reglementieren. Damals hat man noch alles selber gewaschen und gebügelt, man hat eingekocht und die Böden geschrubbt ... Als ich im Krieg als Kind zu meiner Tante musste, habe ich in deren Augen fast alles falsch gemacht, und die Verwandtschaft regte sich regelmäßig über die Unordnung in den Kinderzimmern auf. Meine Mutter hat das nicht gestört, und ich fühle mich auch heute noch im Durcheinander wohl.

Mein Vater war geschäftlich viel unterwegs, und wenn er zu Hause war, dann war das immer ein Fest. Er legte nicht viel Wert auf Formen und formelle Kleidung. Obwohl er kein Verhältnis zur Musik hatte, sang er gerne und viel und falsch, und hat mit uns gefeiert. Leistung war für ihn wichtig, er war ein Organsationstalent. Aber das Entscheidende: Seine Prinzipien waren immer klar und transparent. Um zu sparen, fuhr er dritter Klasse Eisenbahn, in der Holzklasse (so genannt, weil die Sitze aus Holz waren). Er wollte durch seinen spartanischen Lebensstil etwas mehr für die Familie erübrigen. Von ihm habe ich nie gehört, dass die Ehrlichen oder die Engagierten die Dummen sind.

Ich hatte keine kirchliche Sozialisation und habe nicht das, was man „katholischen Stallgeruch" nennt. Haltungen, die meine Eltern vorlebten: Freiheit, Vertrauen, Liebe, habe ich dann in der radikalen Lebensform einer Nonne gelebt. Und nach bald 60 Jahren bin ich immer noch gerne Ordensfrau.

Sicher: Da gab es Momente, in denen ich mir überlegte, ob ich nicht in die Politik einsteigen sollte. Dass die Option „Ordensfrau" siegte, verdanke ich nicht zuletzt einem deutschen SPD-Politiker. Er besuchte Pakistan, und wir trafen uns im deutschen Generalkonsulat. Es war ein schöner Abend am Meer, ich vertraute ihm meine Zweifel an. Seine Antwort: „Seit ich hier Ihre Geschichte höre, denke ich ständig, warum hast du das nicht wie die Pfau gemacht? Die bewegt wenigstens etwas, für Leute, die es brauchen … Wir Politiker reden doch bloß." Mir ist damals noch einmal klarer geworden. Mein Ruf ist der in den Ordensstand.

Natürlich war das nie ganz konfliktfrei. Als die Ordensleitung mir einmal sagte, ich könne nicht im Orden bleiben, da war meine Reaktion: „Ich habe ein Angebot angenommen. Aber das Angebot haben nicht Sie gemacht, sondern ein anderer. Deshalb können Sie es auch nicht zurücknehmen." Ich wäre damals bis nach Rom gegangen, um im Orden bleiben zu können. Und als man mir die Kommunion verweigerte, hat meine Mitschwester Jeannine mir die Hostie gebracht.

In der pakistanischen Kirche sind selbstbewusste Frauen nicht die Normalität. Noch nicht. So etwas muss geschichtlich wachsen, es liegt nicht an der Qualität der Menschen. Pakistan muss sich noch sehr mit der Moderne auseinandersetzen. Die Christen in diesem Land kommen meist aus dem Punjab, weil hier die Missionare die ersten Erfolge hatten. Unsere Punjabi-Kirche ist noch dabei, ihre eigene christliche (katholische) Identität zu entdecken, und sie geht dabei noch einmal durch die meisten vorkonziliaren Entwicklungen. In meinem Leben dagegen ist früh die ignatianische Spiritualität wichtig geworden: Gott finden in allen Dingen, in allen Menschen, in allem was passiert. Da das Christentum jedoch eine geschichtlich verfasste Religion ist, versuche ich, wenn ich in Karachi bin, die Punjabi-Entwicklungsstufe mitzutragen, z. B. regelmäßig meine „monthly permissions" (also die Genehmigung für mein Leben außerhalb der Kommunität) zu erneuern, die mir nichts sagen, die ich immer wieder vergesse. Aber meine junge einheimische Oberin findet es herrlich, dass ich es tue. Humor muss man sowieso haben, wenn man in einem Orden lebt (so wie in einer Ehe auch).

Dass ich nicht in der Gemeinschaft, sondern eher individualistisch lebe, beunruhigt mich zu Zeiten. Aber das hat sich einfach so entwickelt. Ich bin bereit, zu versuchen, das zu ändern, wenn ich Hinweise habe – aber ich mache keine Theorie daraus. Theoretische Antworten, die schnell gegeben werden und eher etwas zudecken als freilegen, interessieren mich nicht. Auch Antworten, die keine direkten Konsequenzen für mein Leben haben, interessieren mich nicht. Bei Konflikten – da würde ich allerdings gerne eine Antwort wissen.

Almas, meine Mitschwester, stammt aus einer Mittelschichtsfamilie im Punjab, die seit Generationen christlich ist. Von sich sagt sie, sie sei immer ein ungebärdiges, wildes und freches Kind gewesen. Aber schon in ihrer Kindheit hatte sie ein Gespür für Arme, war von ihrer Offenherzigkeit berührt und von der Gier der Reichen abgestoßen. Heute ist Almas eine charmante und hübsche junge Frau. Und auch wenn sie zwischendurch mal flirtet, ist klar: Ernst ist es ihr nur mit ihrer Berufung als Ordensfrau und ihrer Mission für die Armen. Wenn sie von einem Mann gefragt wurde, war ihre Antwort immer: „Ich bin vergeben.' Almas hat eine Berufung, und ich habe mit Zähnen und Klauen dafür gekämpft, dass unsere Kongregation sie behält. Sie konnte nur unter großen Schwierigkeiten in unsere Gemeinschaft eintreten. Die Oberin fühlte sich verunsichert, weil sie Jeans trug und sich weigerte, die Haare, die sie seit ihrer Kindheit kurz trägt, anders wachsen zu lassen. Man befürchtete einen Skandal. Zwei Jahre war sie im Noviziat in Mangopir, bei meiner Mitschwester Jeannine. Dann haben die Oberen sie für drei Jahre nach Lahore geschickt, weil sie glaubten, sie sei nur meinetwegen eingetreten. Dass man ihr nach fünf Jahren Noviziat die Ewige Profess zunächst verweigert hat, hat Almas tief verletzt. Sie ist eine eigenständige, sehr selbstbewusste, kämpferische, manchmal immer noch widerborstige Frau und auch fachlich sehr engagiert. Sie hat medizinische Kurse besucht, ist auch als Geburtshelferin ausgebildet. Als der Orden sie nicht haben wollte, habe ich interveniert und gesagt: „Gebt sie doch zu mir ins MALC." Und ich habe mitgeholfen, dass sie durchhält, ich habe sie in ihrer Berufung bestärkt, sie in ihrer persönlichen Entwicklung unterstützt und ihr eine zweijährige Ausbildung als *Community development technician* ermöglicht, einer speziellen Form der Sozialarbeit. (Die Mitglieder unseres Ordens tragen nicht nur Zivilkleidung, sie arbeiten auch in normalen, weltlichen Arbeitsverhältnissen.) Sie hat mich dann nach meiner Krankheit auf den Touren durch Sindh, Baluchistan, in ganz Pakistan begleitet. Sie war mit mir und hat meine Not gesehen damals bei dem Erdbeben in Azad Kashmir, als ich in den Trümmern saß und nur noch weinen konnte. Almas ist tief davon beseelt, für die Armen und Bedürftigen zu arbeiten, ihnen Mut zu machen, ihnen zu helfen. Sie ist überzeugt, dass es im Leben darum geht, andere glücklicher zu machen. Mit Leidenschaft begann sie im afghanischen Auffanglager mit muslimischen Flüchtlingen zu arbeiten. Als einzige Christin. Hatte eine deutsche Oberin nicht auch über mich gesagt: Warum soll man in diese Frau investieren? Die bleibt doch nicht dabei …

Nicht viel anders Schwester Margret. Eine tolle Frau. Sie stammt aus der sozial niedrigen Schicht, aus der hier viele Christen kommen: Straßenfeger oder mittellose Landarbeiter. Sie ist schon über 50, man hatte ihr keine

Ausbildung ermöglicht, es gab ja doch nur Konflikte mit ihr. Die Kongregation wollte sie nicht behalten, weil sie sich lautstark mit fast jedem überworfen hatte, mit einem Wortschatz, der nicht der am besten geeignete für eine Nonne ist. Schließlich kamen wir überein, ihr im MALC eine Chance zu geben, und haben sie in den sechsmonatigen Field-Assistent-Ausbildungskurs geschickt. Jetzt ist sie angestellt, bezieht ein Gehalt – und ist nicht nur völlig ausgeglichen, sondern auch mit Leib und Seele bei der Arbeit; mit Ernsthaftigkeit, Empathie und Wärme gibt sie den Patienten das Gefühl, dass sie wichtig sind. Um diese Frau streiten sich heute alle und alle lieben sie. Sie ist im Umgang mit den Kranken ein großes Geschenk. Und das alles hat sich im Verlauf eines einzigen Jahres so gelöst.

Wenn eine Organisation wie unsere Kongregation, die von Nonnen aus dem konservativen Punjab getragen wird, auf eine Institution trifft, die in der Welt agieren muss, wie das MALC, dann sind Konflikte vorprogrammiert: Almas und Margret sollten im MALC arbeiten. Und dort gilt: Autos können wir uns wegen der hohen Spritpreise nicht leisten. Die Frau sitzt auf dem Motorrad, und der Fahrer ist ein Mann. Für ihre Vorgesetzten im Orden ist das nicht vorstellbar. Natürlich habe ich selber früher auf einem Motorrad gesessen. In Pakistan. Aber eine Punjabifrau kann auf dem Motorrad nur sitzen, wenn der Fahrer des Motorrads ein Familienangehöriger ist. Die kulturelle Identität ist so stark, dass sie alles andere überformt. Eine Haut, aus der sie nicht herauskönnen. Und wenn ich sage: „Wehrt euch doch!" Das geht nicht. Den Leidensdruck habe *ich* – nicht sie.

So fing es also an: Almas und Margret dürfen nicht auf einem Motorrad sitzen, weil sie da einen Mann als Fahrer vor sich haben. Dann sind wir zum Bischof. Der sagte: „Es gibt nur einen sicheren Platz in Pakistan für eine junge Frau, das ist der Platz auf dem Motorrad. Denn der junge Mann hat keine Hand frei, um sie auch nur anzufassen." Mit dieser Auskunft bin ich zurück. Aber die Oberin beharrte darauf: „Die Eltern im Punjab schicken uns ihre Töchter nicht mehr, wenn sie hören, dass sie mit Jungen auf dem Motorrad sitzen." Die Ordensleitung sollte unterschreiben, dass sie die Arbeitsbedingungen beim MALC akzeptiert. Das wollten sie nicht. Eine Aussprache zwischen den betroffenen Oberinnen unserer Kongregation und der MALC-Leitung hat Lobo beendet mit der Feststellung: „Wenn Sie darauf bestehen, dass Nonnen andere und besondere Arbeitsbedingungen haben müssen – dann sollten sie sich nach einer anderen Arbeit umsehen."

Bislang fuhr Almas mit dem öffentlichen Bus. Wer die Busse von Karachi kennt, weiß: Es ist ein untragbarer Zustand, dass diese junge Frau jeden Tag unter diesen Umständen vier Stunden zu ihrer Arbeit im afghanischen Flüchtlingscamp unterwegs ist, zwei Stunden hin, zwei Stunden zurück. Lobo steht auf dem berechtigten Standpunkt, dass das MALC seine Identität bewahren musste und keine Ausnahmeregelungen machen konnte. Ich bin da auch ganz mit ihm. Nur: Wir sollten auch verstehen, wo die Punjabimädchen heute beginnen. Die müssen erst einmal erfahren, dass eine Frau den gleichen Wert hat wie ein Mann. Man muss den Menschen erlauben, ihren eigenen Wert zu entdecken. Und wir müssen vermei-

195

den, dass sie nur ins Kloster gehen, um einer Zwangsehe zu entgehen, weil sie den Mann nicht heiraten wollen, den die Eltern für sie ausgesucht haben.

Die Gemeinschaft hat inzwischen die Forderung des MALC unterschrieben.

Orden waren immer Vorreiter auch gesellschaftlicher Entwicklung. Warum sollten Frauenorden nicht auch hier und heute als erste Neues in der Gesellschaft ausprobieren? Dass die Nonnen in Pakistan nicht wie in Amerika ein treibendes Element der Kirche sind, hängt mit der Stellung der Frau in dieser Gesellschaft zusammen. Und auch wenn klar ist, dass eine wirkliche Veränderung der Kirche die Frauen hierzulande erst über die Veränderung der Männer erreicht – so lange können wir doch nicht warten.

Mich beunruhigt der Zustand unseres Ordens zutiefst. Wir dürfen nicht die sein, die Torten backen und sie dann austeilen. Wir müssen zu den Menschen und sie fragen: „Was braucht ihr?" Ich hatte immer gedacht: In einer Ordensgemeinschaft sollte es Kopiloten geben: Man verlässt sich blind aufeinander, will das Gleiche, auf dem gleichen Weg, fraglos. Kopiloten springen ein, wenn der Notfall eintritt, wenn die Arbeit für einen allein überbordet, wenn es zu viele Patienten gibt oder in Problemsituationen, die für einen allein nicht mehr zu lösen sind. Wenn eine Mitschwester an der Universität in der Frauenarbeit ausgebildet wird – warum wird dann diese Kompetenz nicht genutzt? Diese Frau unterrichtet jetzt als Lehrerin an der Schule. Die Situation der Frauen in Pakistan ist aber so, dass wir dringend so jemanden wie sie bräuchten, um mit uns an der Frauenfrage zu arbeiten. Warum kann man es denn nicht wenigstens versuchen? Wenn es nicht geht, kann sie ja immer noch als Lehrerin an der Schule unterrichten.

Der Orden konzentriert sich in Karachi derzeit auf zwei Privatschulen auf Grund- und Mittelschulniveau, in eigener Trägerschaft, mit der sie um reiche Klientel werben, um mit dem Schuldgeld etwas zu verdienen. Natürlich ist Bildung extrem wichtig, natürlich besteht auch für ein solches Angebot Bedarf, und selbstverständlich muss man auch etwas verdienen, um leben zu können. Schulbildung ist ja auch im Rahmen unserer Arbeit ein Schlüsselprojekt: Wir haben im Rahmen der Sozialinitiativen der Lepraarbeit, über das ganze Land verteilt, etwa 20 Schulen für die Ärmsten der Armen. Es wäre sehr sinnvoll, wenn unsere Ordensgemeinschaft *diese* Initiative übernommen hätte. Konflikte sind normal. Eine mögliche Antwort in Konfliktsituationen wäre auch, zu sagen: Wenn wir keine Lösung finden, müssen wir eben mit dem Konflikt weiterleben. Auch an Konfliktpunkten kann sich ja etwas tun.

Bezogen auf die Gesamtkirche: Ich kann nicht einsehen, warum eine Frau in der Kirche nicht ein Amt bekommen und die Leitung bei Gottesdiensten übernehmen soll, wenn sonst das Gemeindeleben zusammenbricht: Wenn wir zu wenig Priester haben, um die Kirche in die Zukunft zu führen, muss doch ernsthaft überlegt werden, wie in dieser geschichtlichen Notsituation gehandelt werden kann. Und eine theologisch wichtige und in Jahrhunderten theologischer Diskussion geklärte Frage wie die, ob

Jesus Sohn Gottes ist, liegt doch nicht auf der gleichen Ebene wie die Frauenfrage. Geschlechterdiskriminierung sollte sich die Kirche nicht nachsagen lassen. Drittweltländer haben heute weibliche Staatsoberhäupter. Die Kirche hat sich nie dazu aufgerafft, für ihre Leitungsämter etwas Entsprechendes zu machen. Es ist ja auch in der evangelischen Kirche eine junge Entwicklung, dass es Bischöfinnen gibt – und auch da kam es zu Spaltungen unter den evangelischen Kirchen im Weltkirchenrat. Es ist zum Lachen. Wenn es nicht so traurig wäre.

Darunter zu leiden, das ist nicht die richtige Reaktion. Man sollte sich wehren. Die Situation der Frau in der Kirche war für mich immer eine Wunde. Ich kann absolut nicht verstehen, wieso Frauen nicht zu Diakoninnen geweiht werden können und auch nicht, dass es immer noch Leute gibt, die meinen, sie könnten das mit theologischen Argumenten verteidigen. Das Argumentationsmuster ist bei konservativen Muslimen nicht anders als bei traditionalistischen Christen: Das war immer so, deswegen ist es auch jetzt so. Dabei hat im Islam wie im Christentum die feministische Theologie herausgefunden, dass es beileibe nicht immer so war.

Wenn mir so jemand, sei er nun katholischer oder muslimischer Traditionalist, gegenübersäße, würde ich ihn nicht zu bekehren versuchen. Ich würde ihm eine Geschichte erzählen. Zum Beispiel die, mitten aus dem Leben: Wir haben lange intensiv daran gearbeitet, ein sinnvolles neues Krankenblatt für Lepra – eine doch sehr komplexe Krankheit – zu entwickeln, bei dem der zweite, nachbehandelnde Arzt auch versteht, was der erste Arzt notiert hat. Nach zwei Jahren der Erprobung hatte

ich den Eindruck: Jetzt ist es soweit. Dieses neue Krankenblatt habe ich den Lepraassistenten und einem ärztlichen Gutachter der Stadtverwaltung vorgelegt, beide
fanden es ausgezeichnet und praktikabel. Der Gutachter
der Stadtverwaltung musste es allerdings noch durch seinen Vorgesetzten absegnen lassen. Dessen Reaktion: Im
Prinzip eine gute Neuerung. Aber erst zwei Monate alt.
Und das grüne Buch, das wir derzeit benutzen, ist schon
zwölf Jahre alt. Sie haben sich also entschieden, das
grüne Buch beizubehalten. Damit war jede Weiterent-
wicklung des Leprakrankenblattes für den Stadtbezirk
von Karachi gestorben. Was tun? Wir füllen die neuen
Formulare aus, bearbeiten aber pro forma und ohne großen Aufwand auch das grüne Buch – das dann bei einer
Inspektion vorgezeigt wird. Übertragen auf die Situation
in der Kirche: Lassen wir die Leute, die keine besseren
Argumente haben. Wir werden andere Wege finden.
Neue Wege zu gehen, ist mühsam. Nicht nur in Pakistan.

Das Neue Testament fordert, wir sollten „den neuen Menschen anziehen", der nach dem Bild Gottes geschaffen ist:
wahre Gerechtigkeit und Heiligkeit. Aber Jesus hat auch
gesagt: „Wer es fassen kann, der fasse es." Und auch ich
habe es nicht verstanden. Seit es Naturkatastrophen und
das Leiden von Unschuldigen und Kindern gibt, ist das
Vertrauen und der Glaube der Menschen an einen all-
mächtigen oder gütigen Gott immer erschüttert worden.
Leid kann man nie aus einem Leben ausschließen. Aber
nicht immer ist Er es, gegen den sich unsere Anklage rich-
tet. Oft genug sind es Menschen, die Opfer verlangen.
Auch die Geschichte des Christentums ist voll von Opfern, oft genug von unnötigen. Ich habe gesagt, ich setze

bestimmte Fragen auf die eschatologische Liste. Auch die Opfer, die unter Frauen in der Kirche zu beklagen sind, stehen auf dieser Liste.

Für die Zwischenzeit setze ich auf das, was mir als Ordensfrau immer wichtig war: Freiheit, Vertrauen, Liebe. Und das, was ich bei meinen Eltern erfahren habe: ein weites Herz und klare Sicht auf das, was wichtig ist ...

14
Heilig – mitten im Leben

„Es gibt nichts in meinem Leben, was mir geschenkt wurde. Ich habe mir alles selbst erarbeitet." Auch das ist Originalton Walther Pfau. Mein Vater. *Meine* Erfahrung ist das nicht, im Gegenteil: Es gibt nichts in meinem Leben, was mir *nicht* geschenkt wurde. Zumindest nichts Wesentliches. Auch wenn ich natürlich zeitlebens hart gearbeitet habe. Und besonders wenn ich von meiner spirituellen Erfahrung spreche, kann ich nicht sagen: Ich habe etwas „*gemacht*". Das kann ich noch nicht einmal sagen, wenn es um die Lepraarbeit geht: Ob ein Regierungsangestellter, der mir einen Gefallen tun muss, mir entgegenkommt oder nicht – das habe doch nicht *ich* in der Hand. Ob es im richtigen Moment regnet oder nicht, ob das Gewitter nachts kommt, wenn wir schlafen, oder untertags, wenn wir auf einer glitschigen Straße unterwegs sind: Das alles kann ich nicht beeinflussen. Ob in einer abgelegenen Gegend der Patient gerade dann zu Hause ist, wenn wir in der Nähe sind, darauf habe ich keinen Einfluss. Ob eine Forschergruppe ein effektives Medikament mit wenig Nebenwirkungen entwickelt, ich kann nichts dazu beitragen. Nicht einmal ob ich Zahnschmerzen bekomme, kann ich beeinflussen. So ist das Leben. Warum sollte es bei der Spiritualität anders sein?

Überhaupt: Spiritualität – was ist das? Etwas, was man in Büchern findet? Die mögen hilfreich sein, wenn man sie im richtigen Moment in die Hand bekommt. Jedenfalls ist Spiritualität nichts Sakrales. Sie kommt immer da ins Spiel, wenn ich über mein Leben spreche. Und im Leben sind wir alle eingebunden in Zusammenhänge, die wir nicht in die Welt gesetzt und die wir nicht in der Hand haben. Und doch prägen wir sie auch durch die Art wie wir leben mit: dadurch, dass wir sie annehmen. Wenn wir zum Beispiel in einem Fladenbrotgeschäft einkaufen, bestimmen wir mit, dass jemand von diesem Geschäft leben kann.

Ich gehe jeden Morgen in die Frühmesse. Auf dem Gehweg sehe ich die Obdachlosen, die unter freiem Himmel schlafen. Wieso wird jemand obdachlos? So wie Philomena, die Frau mit dem Sari. Eine Goanesin von Herkunft, katholisch, sehr gebildet, sie spricht fließend Englisch. Dass eine Frau auf der Straße schläft, das konnte ich nicht mitansehen. Der Leiter der Kommunikationsabteilung des MALC hat mir dann das Sofa in seinem Büro angeboten, wo sie nach Ende der Arbeitszeit um 16.30 Uhr schlafen kann. Da ist auch eine europäische Toilette, wo man sich waschen kann. Integrieren konnten wir sie nicht. Ihr Sohn ist nach Schweden ausgewandert, und sie weigert sich konsequent, zu ihm zu ziehen: „Er sagt hier, ich nehme dich mit. Und dort macht er sich nicht die Mühe, die Einreiseformulare auszufüllen, und wird dann behaupten, dass der Staat mich nicht will." Von dieser Einschätzung konnte ich sie nicht abbringen. Sie hat kein Einkommen und auch unsere Idee, sie könne doch Nachhilfestunden geben, hat nichts gebracht: Sie kann es nicht, ist aggressiv und streitet sich mit jedem. Trotzdem, habe ich gesagt, wir könnten es doch versuchen: Wir sind einfach nett zu ihr und dann kann sie vielleicht nach einiger Zeit auch nett zu andern sein. Philomena ist ein Name aus dem Heiligenkalender, nur ein Name, keine historische Figur. Aber warum sollte unsere Philomena nicht doch noch eine wirkliche Heilige werden?

Viele reden von Freiheit. Freiheit ist gut. Aber ist Philomena frei? Wann habe ich selber denn einmal in einer wichtigen Sache völlig frei entschieden? Gerade in zwischenmenschlichen Beziehungen? Ich kann keinen Unterschied sehen, zwischen der zwischenmenschlichen und der theologischen Ebene. Das Leben ist eines. Es gibt keine vom Menschlichen getrennte theologische Ebene, da Er Mensch geworden ist. Im Niedrigsten kann ich dem Höchsten begegnen. Alles was ich tue, jede Alltagshandlung wird vor Ihm getan. Ich muss da nichts „extra" Spirituelles aufpropfen. Menschliche Erfahrung ist das Tor, das in die Transzendenz führt. Die Begegnung mit den Obdachlosen gehört dazu.

In der Zeit Seines Schweigens findet die Kommunikation, die Verbindung mit Ihm in Begegnung mit anderen Menschen statt. Aber nicht nur. Ich hätte nie erwartet, dass mir die Bibel so wichtig wird. In diesem Land, in dem man nie weiß, was nachts alles geschehen kann, kann ich manchmal nicht schlafen, wenn ich nicht die Bibel in Reichweite habe. Ich lese die Heilige Schrift in der Regel mit der Kirche: also nach der Leseordnung des liturgischen Jahres. Formen und Rituale sind hilfreich. Gerade, wenn man nichts fühlt, und bei Durststrecken, kann etwas Vorgegebenes Halt geben.

Meine muslimischen Mitarbeiter waren entsetzt, dass ich mein heiliges Buch früher einfach so in den Rucksack steckte, neben Schuhe und Unterwäsche. Dann hat mir jemand mal ein rotes Seidentuch geschenkt, und seither schlage ich mein heiliges Buch in das Seidentuch ein, wie sie ihren Koran. Und das rot eingeschlagene Buch ist immer das erste, was ich einpacke. Und wenn ich in Karachi bin, dann ist es in der Kapelle.

Am wichtigsten sind mir die Geschichten der Bibel. Ich kann mich wiederfinden in dem, was da geschieht. Moralische Anweisungen und theologische oder spirituelle Traktate kann ich schwer ertragen, aber Geschichten kann ich lesen, weil sie vielschichtig sind, wie mein Leben. Und das Gebet? Man hat mir gesagt, dass ich zu selten bete. Ich habe zurückgefragt: „Wann bete ich denn eigentlich nicht?" Es gibt spirituelle Bücher, die sagen, regelmäßiges Gebet zu festen Zeiten sei unerlässlich für das geistliche Leben. Das mag sein. Aber ich kann schon deswegen damit nicht viel anfangen, weil ein solches Gebet anfängt und aufhört. Wenn Gebet ein Sich-Aushalten vor Gott ist, kann das doch nicht vorbei sein, wenn das Gebet vorbei ist. Man muss sich doch sein ganzes Leben aushalten. Was tut man denn in der Zwischenzeit?

Selbst in den Orden hat es immer verschiedene Kulturen des Gebets gegeben: Das Ora et labora der Benediktiner, der rhythmisierte Wechsel von Arbeit und Gebet schon in der Frühzeit der Orden, prägt eine andere Kultur des Betens als die Gebetskultur, die in den mittelalterlichen Reformorden auch das Studium und die weltlichen Formen der Arbeit in den städtichen Gemeinschaften mit einbezogen hat. Und der Mystiker Meister Eckhart zeigt in seiner berühmten Predigt über Maria und Martha nicht die kontemplative Maria, sondern die tätige Martha als Vorbild. Kontemplation ist für ihn nur eine Vorstufe zu einem Leben, in dem Alltag und Spiritualität eins sind. Und bei Benedikt sind sogar die Geräte, mit denen ein Mönch umgeht, etwas, das zur heiligen Gestaltung der Welt beiträgt. Das ganze Leben, die besondere Biographie, die konkrete Situation – alles spielt für die je eigene spirituelle Kultur eine Rolle. So viele Menschen es gibt, so viele unterschiedliche Stile gibt es auch in der Spiritualität. Auch ich zähle darunter, gerade in meiner jetzigen Situation, in der mir Gotteserfahrung nicht mehr selbstverständlich ist.

Das Wort „Gott" gehört nicht wirklich zu meinem Wortschatz. Das biblische JHWH, Jehowa, ist mir näher. Es ist eine Chiffre. Der Islam kennt 99 Namen Gottes. Den hundertsten kennt keiner. Es bleibt das Geheimnisvolle Unverfügbare. Gott ist ein Vokativ, ein Du, das man anredet, jemand, mit dem man kommuniziert, eine Wirklichkeit. Und wenn das ganze Leben ein Gebet ist, dann gibt das in der Tat viel Raum und Zugänge in jedem Leben. Gott kommt zu uns, gekleidet in unser eigenes Leben. Er ist Teil meines Lebens. Im Koran heißt es: Er ist uns näher als unsere eigene Schlagader. Auch bei Augustinus steht das so. Gemeint ist: Er ist so *mit* uns, dass wir gar nicht trennen können zwischen Ihm und uns. Er hat uns gemacht. Und wenn Er alles ist, dann ist Er in uns und uns gegenüber. Gebet ist so verstanden Leben im Gegenüber. Und Leben Dasein vor Ihm. Da ist Raum für alles: Forderung, Bitte, Anklage. Oder Verständnis ohne Worte. Oder

Unverständnis ohne Worte. Oder die Forderung: „Hör doch endlich zu."

Das ganze Leben kann Fürbitte sein. Das heißt doch auch: So leben, so handeln, sich so verhalten, dass das Leben der anderen sich zum Besseren wendet. Und manchmal geschieht es. Leben ist Gebet. Und Leben ist für mich derzeit nur immer der nächste Schritt. Auch wenn ich nicht weiter sehe, und hoffe, dass sich der Nebel so weit lichten wird, dass wieder der nächste Schritt möglich ist.

Auch Heiligkeit muss mit dem normalen Leben zu tun haben. Leben ist immer alltäglich, normal – und immer außergewöhnlich weil es, und zwar jedes Leben, außergewöhnlich gedacht ist. Gibt es Kriterien für Heiligkeit? Ich denke an einen Schlaganfallpatienten in der Klinik, der nach einer Hirnblutung eingeliefert wurde. Von seiner Geschichte weiß ich so gut wie nichts. Offensichtlich ist er früh leprakrank geworden und hat deshalb nicht heiraten können. Er hatte keine Finger, keine Zehen und er war erblindet. Nach einer Staroperation konnte er wenigstens wieder sehen. Er war ein Mensch ohne Ansprüche ans Leben und daher auch nicht verbittert. Dass seine Familie sich nie um ihn gekümmert hat, das hat er als Tatsache eingesteckt – und sich um sich selber gekümmert. Die Sozialabteilung des MALC ließ ihm eine geringe monatliche Geldsumme zukommen, über die er sehr sehr froh war. Er hat, wenn er sich selbst verletzt hat, gelernt, sich selber so effektiv zu helfen, dass die Wunde immer direkt heilte. Diesen Mann sieht man immer nur mit einem Lächeln. Das Kleinste, eine Blume, ein Vogel, das Lächeln eines Gegenübers, ein Gespräch mit einem

Patienten – er hat noch aus jeder nichtaufgegangenen Knospe Süßigkeit gesogen. Bis der Tag kam, an dem er sich selber nicht mehr versorgen konnte. Da zog er in ein Vierbettzimmer im Behindertenheim. Dass er zweimal Tee und dreimal Essen erhält, alles bereits zubereitet, findet er absolut herrlich. Seine Mitpatienten lieben ihn, denn er verbreitet Glück. Dieser Mann ist bestimmt ein Heiliger.

Dankbarkeit ist einer der Wege zur Heiligkeit. Wer nicht wahrnehmen kann, was auch schön ist am Leben, oder es sich nicht angewöhnt, darauf aufmerksam zu sein, der wird verbittern. Ich kenne keine verbitterten Heiligen. Sogar der Wüstenvater Antonius, den sie nach Jahrzehnten aus seiner eingemauerten Zelle herausholten, war – so die Legende – fröhlich.

Natürlich gibt es Lebensumstände, die einen nicht fröhlich machen.

In der Zeitung habe ich gerade gelesen, dass ein Mann in Sindh seine Frau ertränkt hat, weil sie ihm keinen Sohn geboren hat. Das kommt vor. Und keinen interessiert es. Mir kam da eine afghanische Frau in den Sinn, die schon sechs Mädchen hatte und einen Jungen. Das achte Kind wurde wieder ein Mädchen. Die Familie hat ein einziges Zimmer, in dem wuseln die Kleinen. Der Mann hat seine Frau jetzt verlassen. Er hatte gehofft, doch noch einen Sohn zu bekommen. Das Neugeborene dieser Frau nahm immer mehr ab. Ich sagte ihr: „Wenn du das Kind nicht stillst, stirbt es." Keine Antwort. Ich habe dann schließlich einen Vertrag mit ihr geschlossen: „Wenn du stillst, gebe ich dir jeden Monat ein Huhn, und das sollst du selber essen." Sie bekam das Huhn und stillte das Kind. Und es war ein so hübsches Baby. Als ich ihr dann nach sechs Monaten sagte, es gebe künftig kein Huhn mehr, sagte sie: „Das Kind ist so süß, ich werde es weiter stillen." Die Geschichte mit dem Huhn mag merkwürdig klingen. Aber nur Gott kennt ihre ganze Geschichte und kann ermessen, was diese Frau leistet.

Heilige, die die Kirche kanonisiert, müssen zuallererst einmal tot sein. Wenn ich durch Karachi fahre, finde ich viele Heilige, die heute mitten unter uns das Leben in allen Widersprüchen *leben*. Menschen, die ich bewundere: wegen ihrer Tapferkeit, wegen ihrer Zuversicht, und weil sie durchhalten. Und weil sie nicht viele Worte machen, sondern etwas tun. Da ist etwa eine Volksschullehrerin in dem Fischerdorf Ormara. Jeden Tag, wenn die normale Schule zu Ende ist, kümmert sie sich um behinderte Kinder in einer Sonderklasse. Darunter ist ein kleines Mädchen, höchstwahrscheinlich autistisch, jedenfalls geistig unterentwickelt. Es ist fast unmöglich, mit ihr zu sprechen. Und diese Lehrerin hat plötzlich entdeckt, dass sie auf Musik anspricht. Kaum hörte sie die ersten Töne, da fing die Kleine an, in ihrem verschlissenen Kleid zu tanzen. Und als die Musik zu Ende war, hielt sie ihr Röckchen und machte einen perfekten Knicks. Natürlich haben wir wie wild geklatscht.

Oder Raziq, der Lepraassistent, der während seiner Ausbildung immer als Filou galt. Aber er bringt jetzt in seiner Arbeit die Leute dazu, das Beste zu geben. Ich erinnere mich an eine Fahrt mit ihm zusammen. Mir kam es vor, als ob wir schon stundenlang über die ausgetrockneten

Schlammfelder gefahren wären, die die letzte Überschwemmung in Sindh zurückgelassen hat. Und dann:
Endlich am Horizont eine Häuserreihe, Lehmhäuschen.
Wir stolpern über die letzten Schollen, Kinder kommen
uns entgegen, dann das Dorf-Komitee. Die übliche Tasse
Tee. Raziq kennt die Geschichte des Dorfes, aber er erzählt
sie nicht selbst, zwei vom Dorf-Komitee sprechen Urdu.
Einer von ihnen ist Karim Bux. „Nach der Flut haben
wir es erst mit Ziegenzucht versucht", sagt er, „aber praktisch das ganze Dorf ist fast blind, das haben uns unsere
Voreltern gegeben, und die Diebe konnten die Ziegen so
leicht mitnehmen" (Karim Bux lacht noch immer, wenn
er daran zurückdenkt), „direkt vor unseren Augen, dass
wir dachten, das wird nie etwas mit unserer Ziegenzucht,
und dann haben wir uns mit Raziq zusammengesetzt und
seinen Rat eingeholt. Und Raziq hat gesagt, ihr könnt
euch auf eure Nahsicht verlassen, die ist besser als die
Fernsicht, warum baut ihr nicht Zuckerrohr an? Und seither lebt das Dorf vom Zuckerrohr-Anbau." „Toll", sage
ich, „ich habe nie gewusst, wie man Zuckerrohr anbaut,
und dass man da keine Fernsicht braucht." Raziq lacht.
„Ich bin vom Land hier", sagt er. „Natürlich können Sie
es nicht wissen, aber ich habe schon als Erstklässler die
Zuckerrohrstückchen während der Zeit des Pflanzens
klammheimlich in meine Ärmel verschwinden lassen,
um sie dann auszusaugen. Ich wusste, die Augenerb-
krankheit, unter der das Dorf litt, ließ ihnen genügend
Sehkraft, um Zuckerrohr zu pflanzen – und dass sie nicht
mehr in ihrem Stamm heiraten sollen, sondern auswärts,
das wissen sie jetzt auch."

Wenn ich an Heilige denke, dann sind das immer Menschen, die für das Leben einstanden. Menschen, die anderen das Leben ermöglichten oder ertragbarer zu machen suchten. Da geht es nicht um abgehobene Dinge. Man muss auch nicht griesgrämig oder genussfeindlich durchs Leben gehen, man muss sich nicht kasteien und absondern.

Ich erinnere mich an den dänischen Film „Babettes Fest", nach einer Novelle von Tania Blixen. Babette, eine Französin, ist auf der Flucht vor dem Bürgerkrieg in ihrer Heimat als Haushälterin in einem jütländischen Dorfpfarrhaus mit zwei puritanisch erzogenen Schwestern gelandet. Da geht es sehr pietistisch, sehr moralisch und sehr asketisch zu. Jahrelang muss Babette, eine ehemalige Meisterköchin, für die zwei unverheirateten Schwestern die gleiche übliche Suppe kochen. Dann gewinnt sie 10.000 Francs in einer Lotterie. Mit denen könnte sie eigentlich aus ihrem Exil auch wieder nach Hause zurückkehren. Aber sie will alle zu einem richtigen französischen Festessen einladen. Die Leute in dem Pfarrhaus können sich zwar unter einem Fest nichts Rechtes vorstellen, wollen Babette aber den Wunsch nicht abschlagen. Doch zu einem Fest gehört Wein. Das durfte eigentlich gar nicht sein. Trotzdem stimmen die beiden Schwestern zu, mit dem festen Vorsatz, es nicht zu genießen und auch die Kochkünste nicht zu loben. Während des Festmahls nehmen die Dorfbewohner das Essen äußerlich unbeeindruckt zu sich; nur einer erkennt die außergewöhnliche Qualität des Essens und lobt das Mahl. Mit jedem Gang wird ein neuer Wein gereicht. Und plötzlich werfen die Gäste, mit steigendem Alkoholkonsum, ihre strengen

Vorsätze über Bord, fangen an, das Festmahl sinnlich zu genießen, gehen aus sich heraus und befreien sich, mit jedem Glas mehr, aus ihrer sozialen Erstarrung. Viele versöhnen sich über lange verdrängten Konflikten. Und Babette erklärt den beiden Schwestern nach der Feier, dass sie für dieses Mahl ihren gesamten Lotteriegewinn ausgegeben hat und gerne weiterhin in der Gemeinschaft leben möchte.

Wir suchen immer nach dem Sinn. Aber wir müssen ihn auch zulassen, das Geschenk auch wirklich annehmen. Die Schwestern wollten das Festessen eigentlich nicht, sie wollten Babette nur nach so langer Zeit nicht das Vergnügen verleiden. Aber wenn man das Positive einmal zulässt, dann wird es sich durchsetzen. Wenn nicht gleich im ersten Durchgang, dann später. Für mich ist auch Babette eine Heilige. Sie hat die Entwicklung zu mehr Lebendigkeit ermöglicht. Bei den Schwestern war es zwar erst das dritte Glas, das sie frei machte. Und selbst wenn es den beiden Schwestern nicht geholfen hätte – die anderen hätten sich versöhnt. Lebensfreude, Lebensintensität sind Werte – und ein Mittel gegen Banalität. Man muss das Leben fühlen. Was sonst?

Eine sonderbare Auswahl von Heiligen? Eines jedenfalls ist für alle von ihnen wichtig: dass Menschen in ihrem eigenen Leid auch das Leid der anderen sehen. Und etwas unternehmen. Und so das Leid verwandeln, ein Mehr an Freiheit und Lebendigkeit und Möglichkeiten schaffen. Und auch hier gilt: So viele Menschen es gibt, so viele Zugänge zur Heiligkeit gibt es.

Heilige sind etwas Wunderbares. Ein Geschenk. In aller Regel wirken sie auch Wunder. Der kranke Schlaganfallpatient, der seine ganze Umgebung in der Lepraklinik mit seinem Lächeln verzaubert und beglückt hat – ein kleines Wunder. Nicht jeder schafft dieses Wunder. Nicht jede schafft es, Leid umzusetzen in Aufmerksamkeit für andere, und nicht jedem gelingt es, Wunden zu Perlen zu machen, wie Hildegard von Bingen sagt.

Philomena zum Beispiel hat es noch nicht geschafft. Sie ist nicht mehr die Jüngste. Aber wir haben noch nicht aufgegeben.

15
Eine helle Traurigkeit

Ich habe es so oft gedacht, gesagt, geschrieben: dass ich neugierig bin und ungeduldig. Ich habe ein so volles Leben gelebt, dass ich schwer sagen kann, was noch fehlt. Und jetzt wiederholt sich doch das meiste. Ich wollte aber etwas qualitativ Anderes, und meinte, das könne nur das Alter geben. Aber dann hat es lange gedauert, ehe es eingetroffen ist. Und auf dem Wege dahin habe ich auch viele naive Vorstellungen korrigieren müssen.

Erst habe ich versucht, den Beginn des Alters mit meinem 80. Geburtstag gleichzusetzen. Ich hatte Wortfindungsstörungen und habe Lobo gesagt, ich könnte nicht mehr öffentlich sprechen, nicht mehr ausbilden, und habe mich auch aus der Ausbildungsabteilung zurückgezogen. Lobo nahm die Nachricht entgegen mit seinem hintergründigen, schwer zu verstehenden Lächeln. Wenn Sie nur über 25 Prozent Ihres phänomenalen Gedächtnisses verfügen, sagte er, sind Sie immer noch besser dran als wir alle. War es Spott? Was wollte er sagen? In der Zwischenzeit spreche ich schon lange wieder in der Öffentlichkeit. Seit ich beobachtet habe, dass dem MALC wirklich etwas abgeht und dass ich sonst auch meine Restkapazitäten verliere. Mir fallen oft Ausdrücke nicht ein, und dann hole ich sie mir von den Zuhörern. Es schadet der Veranstaltung gar nichts. Im Gegenteil. Es wird nur stärker „interaktiv".

An meinem 65. Geburtstag bin ich noch acht Stunden zu Fuß in Afghanistan unterwegs gewesen. Unvergesslich, weil ich das erste Mal erlebt habe, wie es aussieht, wenn ein Rudel Wölfe eine Schafherde überfällt. Schrecklich. Heute kann ich nicht mehr lange laufen, zwanzig Minuten sind das Äußerste. Lobo hat mir ein Fahrzeug mit Fahrer aus dem Wagenpark des Krankenhauses zur Verfügung gestellt. Ich kann hin, wo ich will.

Ich gebe heute das, was ich noch kann, wenn ich über die Stationen unserer Klinik gehe und mit den Menschen rede. Wir haben drei Stationen, und alle drei müsste ich eigentlich besuchen. Aber nach dem Gang über eine Station bin ich schon erschöpft. Als junge Frau konnte ich einen Tag lang hart durcharbeiten, auf mein Zimmer gehen und weiterarbeiten. Das geht heute nicht mehr. Ich spüre die Müdigkeit.

Es ist sinnvoll, auch mit schwachen und schwächer werdenden Kräften etwas zu tun: Im Talmud, aber auch im Koran steht: Wer ein Leben rettet, der rettet die ganze Welt. Ich muss nicht die Welt retten, aber ich brauche auch kein schlechtes Gewissen zu haben, wenn ich nur bei einer einzigen Frau am Bett sitze oder wenn ich gerade nur einen Patienten behandle. Der Mensch, der gerade vor mir ist, ist der wichtigste Mensch auf der Welt. Sich auf ihn ganz zu konzentrieren, das ist in diesem Moment allerdings auch die einzige Möglichkeit.

Natürlich wird man im Alter passiver. Da ich nicht auf Passivität angelegt bin, hat das bei mir vielleicht ein bisschen länger gedauert. Schon 1960, als wir mit der Lepraarbeit in

Karachi anfingen, haben meine Mitschwester Jeannine und ich aber gesagt, unsere Lebensaufgabe ist erfüllt, wenn man uns nicht mehr braucht. Die Absicht, zu übergeben, loszulassen, war Teil unseres Entwicklungskonzepts, von Anfang an. Dass ich also im Alter nicht mehr so mitmachen kann wie früher, ist für mich kein Schock.

Ich arbeite meistens auch nur noch einen halben Tag. Früher war ich eineinhalb Tage am Stück einsatzfähig. Heute lege ich mich mittags eine Stunde hin, wenn immer es möglich ist. Dann fühle ich mich wieder so weit fit. Almas beantwortet in der Zwischenzeit das Mobiltelefon. Kamla sorgt dafür, dass ich mich nicht selbst um alles kümmern muss, bügelt, wäscht, stellt sicher, dass wir etwas zu essen haben. Die Krankenhausküche macht sich sowieso ein Vergnügen daraus, uns mit Spezialgerichten zu überraschen.

Was will ich eigentlich noch?

Eine Antwort. Eine Antwort auf meine Frage nach dem Sinn des Alters.

Iqbal, der für die Datenbank des MALC verantwortlich ist (ein wunderbarer, hochintelligenter Mann, seine Eltern waren noch Leprabettler), hat so sorgfältig meine ganze Geschichte in Bildern dokumentiert: Dr. Pfaus Eltern im Verlobungsalter – Dr. Pfau im Alter von drei Monaten – als Grundschülerin – im Gymnasium – Das Einfamilienhaus, in dem sie geboren ist. So viel Mühe. Was sich der Herrgott für eine Mühe macht, uns zu schaffen – uns aufwachsen zu lassen – und dann den unmöglichen Versuch zu machen, mit uns zu kommunizieren …

215

Und dann? Abbauen – der totale Verlust? Schlaganfall …
Demenz …

Äußerlich schaut es so aus. Aber da muss noch etwas
sein, was wir nicht so sehen. Ich will jedenfalls immer,
wenn ich etwas aufgebe, etwas noch Kostbareres erhalten.

Aber was tue ich dann mit meiner Erfahrung mit meinen Patienten, dieser hundertfachen Erfahrung: Abhän-
gigkeit, Alleinsein. Diese Konsequenz des Alters, auch
wenn ich es nur anfanghaft in meinem Leben erfahre, er-
lebe ich bei meinen Patienten immer wieder: Abhängig-
keit, Einsamkeit, Leiden, Krankheiten, Schmerzen …

Fragen, die keine Antworten haben.

Neue Dinge lerne ich nur noch mit vielen Schwierigkeiten. Iqbal wird weiter dafür sorgen, dass ich mit meinem
Computerprogramm auch den neuen Anforderungen
gerecht werde. Wenn ich in den Provinzen unterwegs
bin, sind die Lepraassistenten beglückt, dass sie mir
ihre Arbeit vorführen können. Zeit der Ernte. Auch das
ist Alter.

Ich weiß, meine Zeit ist begrenzt. Andererseits: Im Alter
hat man mehr Zeit. Das wird wenigstens gesagt. Mein Leben war ausgefüllt mit Aktivitäten. Deswegen habe ich gewisse Dinge nicht tun können. Als ich in Malir 2011 das
Behindertenprogramm noch selber angefangen habe, bin
ich noch über die schwer zu bewältigenden engen Gäss-
chen von Haus zu Haus, über die Abfallwässer, weil man
anders nicht hinkam. Inzwischen haben wir ein Team, das
das macht. Das gibt mir entsprechend Zeit.

Ich schreibe in mein Tagebuch jeden Tag, wo ich gewesen bin. Es gibt ganze Tage, da steht nur: MALC. Zur

Messe. MALC. Aber im MALC bin ich dann so gefordert … Dass ich kaum, wie früher, zwei Nächte im selben Bett schlafe, das ist vorbei.

Darüber bin ich heute froh. Es war eben doch sehr anstrengend.

Ich könnte jetzt zweifellos mehr Zeit haben, wie jeder, der aus der aktiven Phase seines Lebens ausgeschieden ist. Was tun andere? Jeder in diesem Alter wird die Zeit anders nutzen. Man kann sich erinnern, sich mit der eigenen Geschichte versöhnen, mit der eigenen Familie, alte Freundschaften wieder auffrischen. Eine wird aufschreiben, was ihr Leben ausgemacht hat, um es anderen zu hinterlassen, ein anderer wird alte Briefe lesen. Oder sich irgendwo hinsetzen, wo es schön ist und nur da sein. So wenigstens sieht die Seniorenidylle aus. Am Anfang habe ich sie auch ausprobiert. Aber dann …

Ich hatte meine Nachfolge im MALC geregelt – eine Traum-Regelung. Aber nicht unsere Zusammenarbeit mit der Regierung. Wie so oft hatte ich vertraut, ohne weiter zu beobachten. Ich war ja jetzt im Ruhestand. Ohne weitere Führung, aber auch nur mit zwei bis drei Leprapatienten maximal, hatten die Lepraassistenten ihre eigenen Lösungen gefunden: Ihre kleinen Privatpraxen als Hautärzte, im Augengeschäft, als Notdienst – sie leisteten viele Dienste, die von der Bevölkerung quer durch Pakistan sehr geschätzt waren. Aber die Lepra wurde zunehmend vergessen, obwohl wir doch im Lande jährlich so etwa 400 Neufälle hatten, und die mussten zeitig genug erkannt, und effektiv versorgt werden!

217

Auch das ist Alter: Sich mit seinen abnehmenden körperlichen Fähigkeiten anzunehmen. Ich habe im Hochgebirge, in der Wüste so oft am Rande meiner Kräfte gelebt, dass es eigentlich nichts Neues ist – es ist hilfreich, wenn einem das Leben die Chance gibt, sich schon einzuüben. Angst habe ich schon immer gehabt. Das ist wohl das Erbe des Krieges und der Bombenangriffe. Aber die für Herzpatienten typischen Angstzustände habe ich erst jetzt. Auch gut, dass ich es aus eigener Erfahrung kenne, man kann dann seine Patienten besser begleiten. Aber das ist etwas, was man sich nachher überlegt – wenn man drinsteckt, dann hat man schlichthin nur Angst. Atembeschwerden, Schwindelgefühle, und natürlich ist man überzeugt, es wird nie besser werden.

Margret kommt aus dem Außendienst.

„Ihnen geht es gut?" fragt sie fürsorglich.

„Klar", sage ich.

„Können Sie einige unserer Patienten sehen?", fragt sie.

„Wo?"

„Zaffargoth", sagt sie.

„Morgen", sage ich. „Da habe ich Zeit."

Denn das ist das wirklich Neue: Nein, Zeit habe ich nicht. Aber Freiheit – ich kann entscheiden, wann ich was tue. Auch wenn sie keinen Wagen haben und keinen Fahrer, aber sie werden es doch so arrangieren, dass ich meine Pläne ausführen kann. Und ich werde fahren, auch wenn ich überzeugt bin, dass es unsinnig ist. Und während der Fahrt wird sich alles langsam einspielen. Und den Rest werden die Patienten tun – sie werden gar nicht an die Möglichkeit denken, dass es mir vielleicht nicht gut geht. Und sollte es sich irgendwann einmal nicht einspielen, dann ist es natürlich gut, sogar notwendig, dass man auch darauf vorbereitet ist und sich bereiterklärt …

Wichtig ist, dabei zu sein und zu bleiben. Mit Menschen. Gut ist, seine Erfahrungen weiterzugeben. Gerade jüngere Menschen warten darauf. Es hat mich immer gewundert, wie sehr sie darauf warten. Es gibt in Karachi eine private Universität, die mich immer wieder einlädt. Was die wissen wollen? Alles über mein Leben. Obwohl doch klar ist, dass man ein so ungewöhnliches und verrücktes Leben, wie ich es geführt habe, nicht nachmachen kann. Oder sie wollen mich sehen. Almas schirmt mich da auch ab, wenn es zu viel wird. Kürzlich war eine junge Frau hier im Krankenhaus, die mich sehen wollte, als ich mich gerade hingelegt hatte. Almas sagte: Ich kann Ihnen kein Gespräch vermitteln, aber sie können schauen, wie sie schläft. Sie hat also die Zimmertür aufgemacht – und das Mädchen war wohl schon zufrieden.

Leben kann man nicht nachmachen, gerade ein ungewöhnliches nicht. Aber Leben ist immer ungewöhnlich, immer neu und auf andere Weise außergewöhnlich. Junge Leute suchen nach Modellen gelungenen Lebens. Welche Rollenvorbilder haben sie denn in diesem Land? Pakistan ist ja eine Gesellschaft des Umbruchs, der Unsicherheit und der Angst. Keiner weiß, was das Morgen bringt. Im pakistanischen Kontext ist es daher vielleicht faszinierend, dass jemand bis ins hohe Alter durchhält, was er als junger Mensch angefangen hat. Ein Leben kann also ganz schlicht Trost sein – ohne große Worte zu machen. Ohne überhaupt irgendetwas zu machen.

219

Das Alter bringt auch eine andere Chance mit sich: Man sieht sich und das Leben im Gesamtbild. Man hat einen größeren Rahmen, hat andere Vergleichsmöglichkeiten, auch andere Maßstäbe, um die schwer durchschaubare Wirklichkeit einzuordnen oder zu deuten. Wenn ich zum Beispiel an Deutschland denke. Deutschland hat sich nach der Hitlerzeit geändert. Es gibt da sicher keinen übertragbaren Masterplan, keine Blaupause. Es hat sich „ereignet". Wie unglaublich dieses deutsche Wunder ist, kann nur jemand ermessen, der in der Welt „draußen" lebt. In einem stürmischen Meer haben die Deutschen eine Insel geschaffen, in der Generationen den Frieden genießen können. Nach der Phase des Nihilismus in der Nazizeit haben die Menschen wieder Wertesysteme. Dass das möglich ist! Ein solcher Blick nach außen kann schon Hoffnung geben. In jeder sozialen Notfallsituation gibt es in Deutschland Institutionen, die einspringen können. Hier, in unserer konkreten Situation gibt es aber keinen anderen, der das auch machen kann. Und ich fange in meinem Alter ja nur etwas an, wenn es niemanden gibt, der das sonst macht oder machen kann. Ein solcher Einsatz muss sich auch lohnen, gerade wenn im Alter die Zeit kostbarer wird. Und wenn ich sage: So kann es nicht weitergehen, dann muss ich doch auch anbieten, ihnen zu helfen.

Dass man mit 84 noch eine aktive Rolle spielen kann, können sich viele schon aus gesundheitlichen Gründen nicht vorstellen. Aber auch alte Menschen brauchen Beispiele, dass das geht. Es geht bei mir aber auch nur, weil das MALC – und das heißt konkret: Lobo – mir die nötige Hilfe anbietet. Ein Beispiel: Vor kurzem war ich in Hyderabad. 120 km ins ländliche Sindh. Wir haben die Mutter von vier schwerbehinderten Kindern besucht und ein Hilfsprogramm ausgearbeitet, einen schizophrenen Patienten auf Dauertherapie gesetzt, einen neuen Leprafall diagnostiziert. MALC hat den Wagen, Fahrer und Begleitung gestellt, ich die fachliche Erfahrung.

Alter ist immer auch eine Frage der Selbsteinschätzung. Dr. Hannah, beinahe 90, die bis vor kurzem noch allein geflogen ist, hat sich neulich beschwert, dass man sie als Großmutter titulierte. Als ich sagte: „Das ist falsch, natürlich bist du Urgroßmutter", hat sie gelacht. Einfach zugeben, dass man etwas nicht mehr kann, das macht das Leben einfacher, entspannter und es macht auch die Menschen um einen herum viel freundlicher.

Ich weiß nicht, wie es in deutschen Altenheimen zugeht. Es mag sein, dass alte Menschen in Heimen isoliert werden. Die Rolle der alten Menschen in Pakistan, die früher durch den Familienverband aufgefangen waren, hat sich stark geändert. Da kommt ein großes Problem auf uns zu, auf das wir uns vorbereiten sollten. Auch in unserer katholischen Gemeinschaft ist es vorgekommen, dass alte Menschen starben und keiner es gemerkt hat – bis man es nach zehn Tagen gerochen hat. Da gibt es viel zu tun. Die Kinder, die studiert haben, wandern aus, etablieren sich in westlichen Ländern, schicken auch noch Geld. Aber die Alten in ihren Eigentumswohnungen, die sie verständlicherweise nicht aufgeben wollen, haben niemanden mehr, mit dem sie über ihre alltägliche Situation reden können. Dass Lobo sich so um mich kümmert, dass er meine Wohnung behindertenfreundlich ausbaut, hängt damit zusammen, dass er aus einem Werteverständnis kommt, wo man das für die alten Menschen einfach tut. Er ist wie ein Sohn, keine biologische Beziehung, sondern eine Wertebeziehung.

„*Das* Alter" gibt es nicht. Es ist bei jedem etwas anderes, mental und physisch. Aber es stimmt: Im Alter zeigt sich der Charakter eines Menschen deutlicher. Menschen, die weitherzig waren, sind es meist auch jetzt noch, und Menschen, die sich darüber aufregen, wenn das Frühstücksei nicht weich genug ist, werden sich im Alter doppelt über Petitessen aufregen, auch das habe ich oft gesehen. Ich kenne allerdings auch Menschen, die haben sich früher um die ganze Welt gesorgt und sorgen sich jetzt nur noch um ihren Stuhlgang.

Leben, auch im Alter, wird nach vorne gelebt. Und mein Blick auf das Leben geht, noch mehr als früher, über andere und durch andere Menschen nach vorne. Was mir immer noch wichtig ist und was ich auch tue: anderen Möglichkeiten zu eröffnen und Entwicklungsmöglichkeiten aufzuzeigen. Es Lobo einfach zu machen, ihm aber keine Erfahrung vorzuenthalten, von der ich meine, dass sie für ihn wichtig ist. Und Jalal seine Träume zu ermöglichen – und ihm auch keine Erfahrung zu vermitteln, die ihm seine Anfangsfreude verdüstert.

Natürlich wird das Leben auch nach hinten gelebt, in der Erinnerung. Es gab wunderbare Erfahrungen. Das Erste war, dass ich als Frau Dinge bewegen kann. Zu sehen, die Männer fragen nicht mal, ob das, was ich tue, richtig ist oder nicht, die laufen mir alle nach. Und dann war es auch wahnsinnig interessant, diese Stammeskultur in Pakistan und Afghanistan hautnah erleben zu können.

Ich erinnere mich noch an ein Erlebnis 1985, es war die erste Reihenuntersuchung in Swat. Ich weiß sogar noch die Farbe meines Gewandes, sie war rosa und grau, und auch dieser fliegende Schleier war rosa und grau. Ich fand mich ziemlich unwiderstehlich.

Nach 25 Jahren haben wir, wieder in Swat, den Sieg über die Lepra gefeiert, auch so ein rauschender Erfolg, da haben wir Fladenbrot und Hülsenfrüchte, das Alltagsessen der Armen serviert im besten Hotel der Stadt. Das hat so einen Eindruck gemacht, dass ich das zwölf Jahre später in Islamabad noch hörte, als mich jemand vorstellte: „Schau mal, das ist die, die hat dieses Fest für die Armen gegeben."

Es gibt freundliche und dunkle Seiten dieser Lebensphase. Richard Rohr sagt, das Alter sei ausgezeichnet durch eine helle Traurigkeit. Aber in der Regel wird zumindest im höheren Alter das Leben nicht weiter, sondern enger. Altsein heißt dann: dass die Kräfte abnehmen und weniger werden.

Meine alte Mitschwester Jeannine, die wir nach dem Überfall auf Mangopir aus Sicherheitsgründen hierher ins MALC geholt hatten, wo sie wenigstens die Patienten kannte, traf ich weinend auf dem Flur. Ich nahm sie in den Arm: „Was ist denn kaputt?" „Ich weiß nicht mehr, wo ich hin soll!"

Es muss schrecklich sein, wenn alles fremd ist.

In der Zwischenzeit war es für sie wieder möglich, nach Manghopir zurückzukehren, wo sie sich auskennt und wo alles vertraut ist.

223

Leben ist nicht einfach. Und dennoch: Was sagt Rilke? „Vergessen Sie nie: Das Leben ist eine Herrlichkeit."

Warum? Weil es geliebt ist.

„Vergessen Sie nie ..."

Warum sollen wir es glauben? Und was sonst sollten wir glauben?

Wenn wir es aber glauben, können wir dieses bisschen Herrlichkeit auch den anderen weitergeben. Auch im Alter. Und auch anderen alten Menschen. Ja, das Alter ist auch die Zeit der Ernte. Aber manchmal denke ich auch: Ich wusste nicht, dass die Trauben so sauer sind. Und noch etwas: Alter fängt erst nach der Ernte an. Insofern ist das Alter auch eine winterliche Zeit.

Gebe der Herr, dass ich trotz aller Fragen und bei aller schrittweisen Beeinträchtigung, dass ich bei allen Abhängigkeiten, bei allen Sinnlosigkeiten Pakistans trotzdem weiß: dass Seine Liebe die Herrlichkeit garantiert.

Ich weiß, es gäbe noch so viel zu tun. Soviel anzupacken. Aber ich sage auch jedem: Ich habe nichts, wirklich nichts dagegen, jetzt zu sterben.

Ohne die Bereitschaft zum Sterben sollte man nicht versuchen, alt zu werden.

16
Große Klarheit, große Freiheit

„Er atmet nicht mehr", sagt die Mutter befriedigt.

„Der Lebensatem hat ihn verlassen", bestätigt der Vater, er benutzt das Bild, das die Afghanen vorziehen.

Ich halte das sterbende Kind in meinen Armen. In seiner schmutzigen verschlissenen Kleidung, mit seiner Kopfwunde: deutliche Zeichen einer Gewalteinwirkung. Die Eltern haben es auf unsere Außenstation gebracht. Da lag es schon in den letzten Zügen. Nein, ich sollte nur bestätigen, dass es tot sei. Das Begräbnis würden sie selber arrangieren. Ich lege das tote Kind sorgfältig auf das Untersuchungsbett. Atme tief.

Die Eltern waren sich völlig einig: Gut, dass der Kleine gestorben war. Ich denke nur: Welch lichte Überraschung jetzt für diesen dreijährigen Buben … Wenn ich das nicht glauben könnte, wie sollte ich es aushalten?

Den Kampf darum, auch diesem elenden Leben hier Freude abzuringen für die Kinder, ihre Mütter, den kenne ich sowieso nur zu gut. Der Tod ist trotzdem ein Tabuthema. Drei Jahre alt war der Bub. Kein Mädchen. Nicht behindert. Hatte das Leben wirklich für ihn nicht mehr als diese häusliche Gewalt, der er zum Opfer gefallen ist? Die Fragen brennen in mir. Aber ich kann ihnen nicht nachgehen. Ich vergrabe sie in mir.

Schlafen konnte ich in diesen Tagen nicht. Es ist ein Tod, den ich nicht vergessen werde. Ein Sterben, das ich nicht verhindern konnte, so sehr ich es gewollt hätte. So etwas vergisst man nicht.

Schaden von den Kranken abzuwenden, dazu haben die Ärzte sich seit den Zeiten des Hippokrates verpflichtet. Krankheiten zu heilen und Sterben zu verhindern, das gehört zum Kern des ärztlichen Ethos bis heute. Der Tod in der westlichen Gesellschaft ist Medizinern oft auch ein „Feind" gewesen, etwas, was man mit allen Mitteln der Zunft aggressiv angehen und bekämpfen muss. Aber der Tod gehört auch zum Leben. Auch mit ihm müssen wir uns anfreunden. Ihm seine Würde geben.

Im Krankenhaus versuchen wir, nach dieser Einsicht zu handeln. Wenn wir einem Patienten therapeutisch nicht mehr helfen können, und wenn er zu Hause gut gepflegt werden kann, dann sagen wir ihm das und auch den Angehörigen. Auch ich selber möchte doch nicht, dass die Ärzte draußen im Flur mit meinen Freunden über mich flüstern. Ich möchte, wenn es soweit ist, dass *mir* der Arzt sagt: Wir sind an unsere Grenzen gekommen. Ich will dann auch nicht an Maschinen angeschlossen werden und habe deswegen meine Patientenverfügung schon lange unterschrieben. Meine eigene Mutter, die mit über 90 Jahren starb, hat damals gesagt: „Ich bin doch nicht dafür geschaffen worden, dass ich hier liege und die Infusionen über mich ergehen lasse." Natürlich haben wir alles getan, was der Linderung der Schmerzen diente. Aber nicht mehr. Enttabuisierung des Todes, Akzeptieren unserer Endlichkeit – das gehört zur Tugend der christlichen Gelassenheit.

„*Den* Tod" gibt es überdies nicht. Jedes Sterben ist anders, und jeder stirbt seinen eigenen Tod. „O Herr, gib jedem seinen eignen Tod", sagt Rilke im „*Stundenbuch*". Es hängt, so wieder Rilke, mit seinem Leben zusammen: „Das Sterben, das aus jenem Leben geht, darin er Liebe hatte, Sinn und Not."

Jeder Patient, auch jeder, den wir im Sterben begleiten, hat ein anderes, individuelles Schicksal, jeder hat ein eigenes Leben gelebt, wenn es ans Sterben geht.

„Seinen eigenen Tod", das gilt nicht für ein gewaltsames Ende. Wir sind ja schon froh, wenn hier in Karachi einer natürlich stirbt. Aber die 280 in einer Pfarrei nach einem Gottesdienst, als zwei Selbstmordattentäter sich in die Luft gesprengt hatten … Oder Faizullah. Er hatte vor sechs Jahren geheiratet. Sie haben ein Kind, ein schwerbehindertes Mädchen, dem die ganze Liebe und Aufmerksamkeit der Mutter gilt. Faizullah brachte jeden Monat sein Gehalt heim. Bis ihn eines Morgens ein Sechzehnjähriger mit einem Maschinengewehr erschoss. Ich bin am Tage nach seinem gewaltsamen Tode bei ihnen gewesen. Da saß die junge Frau auf dem Boden, wiegte das behinderte Kind in ihren Armen und rief ihren Mann: „Faizi, komm zurück zu uns. Komm zurück. Faizi, komm zu mir – Faizi. Komm zurück. Komm zurück …" Und sie herzte das Kind, das mit seinem leeren Blick auf die Verzweiflung der Mutter nicht reagierte.

Auch wenn sich das Sterben über Wochen hinzieht, wenn ärztliche Versorgung nicht erreichbar ist, wenn das Sterben mit Schmerzen verbunden ist, wenn die Menschen nicht mehr trinken können und in der Folge austrocknen, wenn sie nicht mehr richtig „da" sind – dann ist es schwer, noch von Würde zu sprechen. Ich finde es daher so wichtig, dass die Palliativmedizin Möglichkeiten für einen schmerzfreien Tod zur Verfügung stellen kann. Es gibt einen Raum in unserem Krankenhaus, in dem die Familie ihr sterbendes Mitglied aufnehmen lassen kann wie in einem Hospiz in Deutschland und wo die Familie auch bei ihm bleiben kann.

Das Alter hat man früher als Vorbereitung auf den Tod verstanden. Vielleicht haben alte Menschen, die auf ganz selbstverständliche Weise dem Tod näher sind, die Rolle, nicht nur sich, sondern auch andere damit vertraut zu machen. Man kann sie als „Kundschafter" in einem sonst ausgesparten Lebensbereich verstehen. Wenn man die Botschaft denn hören will. Aber auch alte Menschen akzeptieren das nicht immer. Jemand hat von der letzten „Schlacht" gesprochen, die jetzt im Alter zu schlagen sei. Wer ein solches Verhältnis zu seinem eigenen Tod aufbaut, der muss wissen: Er hat von Anfang an verloren. Wer die metaphysische Dimension des Todes nicht erkennt – für den wird es schwierig, ihn überhaupt zu akzeptieren.

Aber nicht nur für die Alten gilt das. Dass das Leben, jedes Leben, zu Ende geht – darüber sollte doch jeder nachdenken. Der heilige Benedikt hat seinen Mönchen empfohlen, jeden Tag sich den Tod vor Augen zu halten. Für mich ist das etwas Selbstverständliches – wie könnte man sich hier etwas vormachen? Eine solche Einstellung verneint das Leben nicht, aber sie setzt es als Ganzes in eine größere und andere Perspektive. Und die Konsequenz ist nicht Depression, sondern eine Aktivierung: Mach das Beste aus deiner Zeit. Und durchaus auch: Genieße, was dir geschenkt ist. Sei dankbar.

Der Gedanke, ein Leben ohne Tod zu führen, das ist jedenfalls keine tröstliche Vorstellung. Der ewig durch die Zeiten wandernde Mensch, der nicht sterben kann – das ist in den Märchen und Sagen ja die Figur eines Verfluchten, nicht eines unendlich glücklichen Menschen. Die Weisheit des Volkes, die sich in diesen Sagen ausdrückt, wusste dass die Begrenztheit der Zeit das Leben ja erst kostbar macht. Das heißt keineswegs, dass wir den Tod verherrlichen oder seine Schwere bagatellisieren.

Dass wir das Leben in Fülle suchen, es aber in unserer Lebenszeit nicht erreichen, ist freilich auch der Grund unserer tiefen unstillbaren Sehnsucht, die über dieses Leben hinausreicht. Und auch wenn noch Arbeit zu tun ist, wenn Kinder noch nicht auf eigenen Beinen stehen, wenn Sinn noch aussteht, gewinnen wir der begrenzten Lebenszeit Tiefe ab. Wenn Kinder sterben, die ihr Leben nicht leben konnten, wenn Menschen zur Unzeit sterben müssen, wenn sie brutal und mit Gewalt aus ihrem Lebenszusammenhang gerissen werden, dann spitzt sich die Sinnfrage freilich gerade angesichts der Erfahrung des Todes zu.

Ich erinnere mich an eine Fahrt auf dem Karakorum Highway. Er ist in diesem Abschnitt nicht gesichert, er fällt steil zum Fluss ab. „Hier hat Halim seinen Unfall gehabt", sagt einer aus dem Team. Sechs im Wagen, ein Suzuki Highroof, fünf sind ums Leben gekommen, Halim war nicht einmal verwundet. Warum? Die Frage steht im Raum. „Das Erdbeben kam zwei Wochen später", sagt unser Fahrer. „Halim kennt die Gegend so gut, er hat unglaublich viel eingeleitet und geholfen ..."

„Aber mussten deshalb fünf sterben, dass ich gerettet wurde?", fragt Halim, der bei uns im Wagen sitzt.

Ich begegne dem Tod als Ärztin häufig. Aber schon zu Beginn der Arbeit, als ich in den damals noch unerschlossenen Gebieten Pakistans unterwegs war, war mir die Realität des Todes ständig gegenwärtig. Und als ich damals zusammen mit meiner Mitschwester Jeannine unterwegs war, auf Straßen, die weit gefährlicher waren als heute, haben wir fast nur über den Tod gesprochen. Wir wussten ja nie, ob wir den Abend noch erleben würden. Uns war klar: Um Sechs sind wir entweder an unserem Ziel. Oder im Himmel.

Was ich nicht möchte: dass jemand einen gewaltsamen Tod sterben muss. Und das ist bei uns ja nicht unwahrscheinlich. Es gibt so viele. Diejenigen, die in den Zeitungsstatistiken auftauchen, sind ja nicht die einzigen. Die Dunkelziffer kennen wir nicht. Und da war der Anschlag in Peshawar, der so viele unschuldige Menschen, Eltern, Kinder, alte Menschen das Leben gekostet hat. Und wenn sich, wie in den letzten Tagen passiert, ein junger Mann, um die 20, das einzige Kind seiner Eltern, selber das Leben nimmt, dem man die Zusage auf einen Job wieder zurückgezogen hat, dann tut einem das natürlich doppelt weh. Wie sollen die Eltern über diesen Tod hinwegkommen können? Wie sollen sie selber wieder zurückfinden ins Leben?

Nicht dass ich der Meinung wäre, dass der Tod grundsätzlich etwas Schreckliches oder an sich „ein Skandal" wäre, sozusagen etwas, was dem Leben total entgegengesetzt ist. In Asien ist der Tod normal. Man wird geboren. Man lebt. Und ebenso natürlich ist es, zu sterben. Der Tod ist immer und von Anfang an Teil des Lebens. Jeder wird sterben, das weiß man hier – nicht abstrakt, sondern existentiell. Hier hat man die Alten immer in der Nähe, nicht am Rand der Städte ausgesondert. Man sieht sie. Und damit auch die eigene Zukunft, die mit dem Alter und dem Sterben enden wird.

Wie ich zu meinem eigenen Tod stehe?

Ich weiß, ich habe eine Mitralstenose, also einen Herzklappenfehler, bei dem die Öffnung der Mitralklappe eingeengt ist. Dadurch kommt es zwischen zwei Herzaktionen zu einer gestörten Füllung der linken Herzkammer. Das kann zur plötzlichen Herzinsuffizienz oder zu einer Embolie führen. Es kann also schnell gehen. Und es kann jeden Tag passieren. Und ich sage das auch: Regt euch nicht auf. Das ist normal. Schließlich habe ich ein langes und erfülltes, wirklich erfülltes Leben geführt.

Trotzdem habe ich schon meine Wünsche. Es wäre schön, wenn ich nicht einen gewaltsamen Tod sterben müsste. Wenn sich niemand Vorwürfe machen würde. Wenn, Almas, Margret, meine beiden Mitschwestern, in den letzten Stunden dabei wären. Und Lobo. Wenn ich meinen besten Freunden sagen, erklären könnte: Ich gehe gern. Also: Keine unnötige Trauer. Sonst habe ich keine Wünsche.

Jeder Mensch muss sterben. Man stirbt in der Regel so, wie man lebt. Und ich wollte immer rasch durch sein mit Dingen und Aufgaben, die schwierig sind. Überdies bin ich neugierig. Sehr. Im Tod hört etwas auf. Und es fängt etwas Neues an. Man muss das Alte loslassen können, um das Neue zu erfahren. Tod ist natürlich auch ein Ende, ein Akt der Vernichtung, des Untergangs. Aber auch die Chance eines Neuanfangs. Man sagt ja auch, dass der Vorgang der Geburt für die Kinder ein schockierendes Erlebnis ist. So wird es wohl auch im Sterben sein. Ich weiß nicht, was dann kommen wird. Ich stelle mir das Unvorstellbare nicht vor. Aber ich habe eine Hoffnung, eine Erwartung. Ich erwarte die Begegnung, die mir Klarheit darüber geben wird, was das Leben überhaupt wirklich ist. Und natürlich erwarte ich *Ihn*. Aufgeregt wie ein Teenager.

Marie Luise Kaschnitz hat einmal gesagt: „Im Tod wird mir die freigewordene Liebe aufgehen." Dass sich da, in der Begegnung mit einer unendlichen Liebe alles lösen wird, das ist auch meine Hoffnung. Und auch Ladislaus Boros, ein ungarischer Philosoph, hat mich überzeugt: Er sagt nämlich, erst im Augenblick des Todes ist uns die wirkliche, umfassende Freiheit für unsere endgültige und definitive Entscheidung über unser Leben möglich. Das leuchtet mir ein: Wenn wir verantwortlich gehalten werden für unser letztes und ewiges Schicksal, dann müssen wir auch wirklich eine bewusste Entscheidung treffen können, im vollen und klaren Wissen um die Wirklichkeit. Wenn ich denke, wie ich hier meine Entscheidungen treffen muss – mit zehn Prozent Wissen und 90 Prozent Unsicherheit, kann ich nur hoffen, dass die große Freiheit noch kommen wird. Und dass sie mir die große Klarheit bringen wird. Dass mir aufgehen wird, wie es wirklich ist. Natürlich mache ich mir keine konkreten Vorstellungen und Bilder von dem „Danach". Es wird ganz anders sein, als alles, was wir uns hier vorstellen.

Die Bibel spricht in Bildern vom Jenseits. Vom Festmahl oder einer Hochzeitstafel: also von der Fülle des Lebens. Oder von der Wohnung, also der ewigen Heimat, die für uns nach all der Unruhe unseres Lebens bereit ist.

Einmal wurde ich von einem offensichtlich etwas naiv veranlagten Menschen gefragt: „Neben wem möchten Sie denn an der himmlischen Hochzeitstafel sitzen?" Ich konnte mir nicht verkneifen zu antworten: „Ich hoffe, es ist ein Buffet, Tafeln finde ich langweilig. Bei einem Buffet kann man sich entscheiden, mit wem man reden will."

Es gibt viel, worüber zu reden sein wird. Fragen habe ich genug, an viele. Vor allem aber an IHN.

Also: Dass mir aufgeht, wie es *wirklich* ist. Dass ich IHM begegne. Dass ich Antwort erhalte auf all die ungelösten Fragen (wenn das dann noch nötig ist), die ich mit mir herumtrage: Das ist es, was ich erwarte. Nein, das stimmt auch nicht. Eigentlich rede ich viel zu viel. Ich *erwarte Ihn* Nur Ihn. Der Rest ergibt sich dann. Sonst denke ich aber nicht darüber nach.

17
Dunkelheit und Sinn

Die Geschichte der Massenvergewaltigung einer indischen Studentin hat im vergangenen Jahr die Weltöffentlichkeit bewegt. Ihr Tod hat die Menschen in Indien auf die Straße gebracht. Das Schweigen wurde endlich gebrochen. Drei der Vergewaltiger wurden jetzt von einem Gericht zum Tod verurteilt. Und die Reaktion der Mutter: „Mit dieser Strafe hat sich das Leben meiner Tochter wenigstens gelohnt."

Hat es das wirklich? So sehr zu begrüßen ist, dass solche immer wieder totgeschwiegenen und folgenlosen Verbrechen jetzt vor Gericht gezogen und bestraft werden – mein Verständnis von einem Leben, das sich lohnt, ist das nicht. Sinn ist nicht von dem Gefühl der Rache her zu definieren. Und was heißt hier „Sinn"? Kann man das Leid wirklich besiegen? Kann man das Böse durch Rache ausrotten? Kann man allem einen tieferen Sinn geben? Oder steht am Ende eine große Dunkelheit?

Ich bin in der Zwischenzeit überzeugt: Leid ist eine Grundstruktur des Lebens. Leben ist so. Leiden, Dunkelheit gehören zu unserem Leben. Ich habe heute, im Alter, einen anderen Blick auf das Leben. Vielleicht sehe ich heute klarer. Und ich finde es wichtig, auch wirklich zu „sehen". Nichts zu übertünchen. Das Leben so wahrzunehmen, wie es wirklich ist. Es ist nicht so, wie wir es uns erträumen oder wünschen. Oder so, wie die Medien es uns vorgaukeln. Oder die Konsumindustrie.

Eine Ahnung davon hatte ich schon immer. „1984", das Buch von George Orwell habe ich nur einmal gelesen. Aber es hat sich mir tief in die Seele eingeprägt, ein Buch, das eine Wahrheit beschreibt, die sich mit eigenen Erfahrungen deckt. Es beschreibt eine dunkle, von Gewalt, vom Negativen, von Hass und Zerstörungslust, ich könnte auch sagen vom Bösen geprägte Wirklichkeit. Symbol für eine Welt der Unfreiheit ist der „Große Bruder". Am Ende siegt das Böse, die Lüge, die Gewalt: „... der Kampf war zu Ende. Er hatte sich selbst überwunden. Er liebte den Großen Bruder."

George Orwell hat in dieser Geschichte seines Helden Winston Smith etwas ausgelotet, an das ich mich lange nicht heranwagen wollte: Eine Dunkelheit, die nicht aufhellbar ist. Aber ich weiß, dass es das gibt. Seit Auschwitz.

Die Frage ist für mich nicht nur: Was geht in den Tätern vor? Sondern auch: Wie verhindern wir, dass das in Zukunft wieder möglich wird?

Und: Wie können wir erreichen, dass die Menschen nicht auf die Lügen hereinfallen und das Leben so wahrnehmen und so leben, wie es wirklich ist?

Und was ist wirklich wichtig? Einander beistehen, ohne erst lange nach dem Grund zu fragen: Sensibilität für Leidende ist etwas, was nicht verloren gehen darf. Diese Fähigkeit der Wahrnehmung ist ein Gegengewicht gegen Angst und Hass. Der Not des anderen nicht zuschauen, wie wenn es ein Fernsehdrama wäre, das man aus der Distanz begutachten kann. Sich nicht hinter Banalitäten und Bequemlichkeit verstecken, die das Leben scheinbar einfacher machen. Mit eigenen Augen und eigenen Ohren wahrnehmen, was wirklich ist. Zeuge sein und sich nicht ablenken lassen durch eine Zerstreuungs- und Unterhaltungsindustrie, die sich längst als sanfte Form des Großen Bruders in unser Leben eingeschlichen hat und die große Gleichgültigkeit fördert. Denn Gleichgültigkeit ist ein Einfallstor für Hass und Angst. Das Offensichtliche, das Einfältige und das Wahre müssen verteidigt werden, sagt Orwell, der sich gerade an den einfachen Menschen orientiert. Auf sie setzt sein Roman alle Hoffnung. Und der Held erkennt: Was zählt, das sind die zwischenmenschlichen Beziehungen, und eine hilflose Geste, eine Umarmung, eine Träne, ein Wort zu einem Sterbenden besitzen ihren eigenen Wert.

Wenn ich über die Station unseres Krankenhauses gehe, im Außendienst eine Familie besuche und den Menschen in ihrem offensichtlichen Leid und Schmerz begegne, wenn ich ihren Geschichten zuhöre, ihre Tränen aushalte, sie umarme und von ihnen umarmt werde, dann erfahre ich in aller Dunkelheit – Sinn. Sinn passiert nicht nur im „Nahbereich", also in der Umgebung, auf die ich unmittelbar Einfluss nehmen kann. Aber hier kann er leichter wahrgenommen werden. Wenn ich nicht viel Zeit habe und diese Zeit in den Nahbereich investiere – kommt vermutlich für mehr Menschen mehr heraus.

Wenn etwas den Menschen gut tut, dann ist es auch „sinnvoll". Daran festzuhalten, dass das wirklich „Sinn" ist, das ist eine trotzige Entscheidung. Ich weiß es: Das Leben ist nie ein auf Dauer leidfreier Zustand. Und die Vision von einer leidfreien Gesellschaft, wie sie in Deutschland verbreitet ist, stimmt nicht. Weder in Deutschland noch in Pakistan. Wer sich auf den Standpunkt stellt, Leiden hat keinen Sinn – der wird erfahren müssen, dass sich dann das Leben nicht lohnt. Das gilt nicht nur für das Leben jedes Einzelnen, in dem Liebe und Leid untrennbar miteinander verknüpft sind. Es gilt auch für das Leben auf unserem Globus, das doch weithin von Leid, von Krankheit, Armut, Ausbeutung, Hunger, Elend, von konkreter oder struktureller Gewalt bestimmt ist. Es geht nicht nur um Erfolg, sondern darum, Mensch zu bleiben. George Orwell sagt: Wenn du fühlst, dass es sich lohnt, Mensch zu bleiben, auch wenn damit absolut nichts zu erreichen ist, dann hast du sie besiegt.

Was „macht" denn Sinn? Ich glaube: Etwas tun, was gegen die Dunkelheiten der Wirklichkeit und gegen alle noch so starke Interessen und Mächte ein Zeichen der Menschlichkeit setzt: Nicht nur in den großen Entwürfen und politischen Utopien und den Reformen, die wir *auch* anpacken müssen. Sondern auch in den kleinen Gesten, in Tränen, die wir gemeinsam weinen, in ganz einfachen Worten. Etwas tun, nicht irgendwann, sondern *jetzt*.

Ich erinnere mich an einen bewusstlosen Leprapatienten, bei dem ich die Vene nicht finden konnte. Ich rief einen befreundeten Chirurgen an, der mir nie eine Bitte abgeschlagen hat, und bat ihn, mir zu helfen. Der kam auch und er hat die Vene gefunden. Aber er hat unsterile Instrumente verwendet. Als ich das bemerkte und ihn zur Rede stellte: „Warum tust du mir das an? Ich hatte Dir die sterilen Instrumente doch fertiggemacht." Da antwortete er: „Es lohnte sich nicht. Der stirbt sowieso!"

Dieser Patient von damals hat inzwischen geheiratet und seine Frau hat ihm sechs Kinder geschenkt. Und er lebt heute noch.

Zu sagen, „es lohnt sich", sein Leben einzusetzen, es ist nicht umsonst, auch wenn man in äußeren Kategorien „nichts erreicht", das ist eine Entscheidung. Eine bewusste Willensentscheidung. Wenn ich nicht überzeugt wäre, dass das Leben letztlich getragen wäre von einer größeren Liebe – es würde sich für mich nicht lohnen. Ich habe mich für diese Sicht entschieden. Es ist eine bewusste Entscheidung, die ich durchtrage. Nicht nur für mich, sondern auch für andere. Sonst hätte ich längst die Konsequenzen gezogen. Denn ein Leben, das sich nicht lohnt, lohnt sich auch nicht, gelebt zu werden.

Mein Glaube, meine Hoffnung, meine Entscheidung, sie sind trotzig. Ich halte sie fest, obwohl so viel dagegen spricht. Mein Glaube an den Sinn ist ein Glaube „trotz allem".

Ich denke wieder an den muskelkranken Mann, der sich nicht mehr bewegen konnte und der seiner Umgebung nur eine Last war. Wenn ich diese Entscheidung nicht getroffen hätte und diese Entscheidung durchtragen würde, was könnte uns hindern, auf die Schiene der Nazis zu geraten? Die Nazis haben schwerstbehinderte Menschen als lebensunwertes Leben definiert und einfach umgebracht – weil sie ihr Leiden als unsinnig empfanden. Was heißt das: lebensunwertes Leben? Unter den Nazis war ich selber eine gefährdete Person. In unserer Familie kam Eplilepsie vor, die ja auch als mögliche Erbkankheit gesehen wird.

Der muskelkranke Mann, den wir in unsere Klinik gebracht haben, wird nicht geheilt werden können. Wir haben ihn gewaschen und gewindelt. Dann hat er sich hinsetzen können, wir haben durch Kissen seinen Kopf gestützt. Wir haben ein Lächeln von ihm bekommen. Und er wollte wieder zurück in seinen Laden im Dorf. Das Leben hatte für ihn wieder eine Perspektive, so bescheiden sie auch war.

Ein Leprapatient aus dem Behindertenheim, der mir sehr nahestand, ist hier gestorben. Sein Sterben hat sich über Wochen hingezogen. Sonst ist bei Kranken jemand aus der Familie, den man dann instruieren kann: Tee löffelweise, oder ähnlich. Er hatte niemanden. Wir haben nachts auch nur eine Wache für alle drei Stationen. Ulli, eine Frau aus Österreich, die in dieser Zeit hier war, hat sich 24 Stunden an sein Bett gesetzt, bis er gestorben ist. Oder die Mutter, deren Sohn Selbstmord beging. Ich bin froh, dass ich die Frau, die ich nicht kannte, nach dem Trauergottesdienst noch gefunden habe, einfach um ihr meine Nähe zu zeigen.

Das Leben bürdet Lasten auf. Die Einsamkeit wird größer, wenn man sich dieser Wirklichkeit aussetzt. Wenn Sinn nicht sichtbar oder erfahrbar ist. Ja, das Leben ist grausam, es ist dunkel und voller Leid. Ja, ich finde es unnachvollziehbar, wie Gott die Welt so eingerichtet hat, wie wir sie erleben. Ja, ich finde es schmerzlich, dass Er sich mir heute so sehr entzogen hat. Ich stelle mich trotzdem auf den Standpunkt: Das Leben kann nicht unsinnig sein. Ich verstehe es nur nicht.

Die Dunkelheiten sehen wir.
Der Sinn wird geglaubt.

Und ich bin nach wie vor überzeugt: Das letzte Wort wird Liebe sein. Wenn ich daran nicht glauben könnte, stünde meine geistige Gesundheit auf dem Spiel – stünde mein Leben auf dem Spiel. Vielleicht täusche ich mich? Das ist möglich. Natürlich. Wer kann das mit absoluter Sicherheit denn sagen? Und wenn dem so wäre? Dann habe ich eben Pech gehabt. Aber wäre damit auch die Liebe entwertet, die wir uns geschenkt haben? Nein! Die Liebe nicht und nicht die Nähe und das Mitgefühl, das uns verbindet. Und auch nicht die kleinen Gesten, selbst wenn sie nichts bewirken, nicht die Hilfe, die wir einander gewährt haben, um das Leben ertragbarer zu machen.

Und deshalb mache ich weiter.

18
So einfach

„Du liest jetzt immer so dicke Bücher", sagt Almas.

„Ich versuche es", sage ich.

„Und immer auf Deutsch!"

Der Besuch aus Deutschland hatte mir diesen Band mitgebracht, ein umfangreiches Lesebuch mit Texten aus der Literatur, von Theologen und Philosophen.

„Ich wollte ja auch, dass sie auf Englisch wären", sage ich, „dann könnten wir uns wenigstens darüber austauschen."

„Wie heißt das jetzige?", fragt sie.

„Christian Faith in Modern Times", übersetze ich, „Searching for the incomprehensible God. Auf der Suche nach dem unfassbaren Gott."

„Oh", sagt sie.

Dieser unfassbare Gott. *Das* Thema der Menschheit. Von Nietzsche bis Dorothee Sölle, von Rahner (tröstlich) bis Elie Wiesel. Mein Herzeleid, meine Verzweiflung. Meine Hoffnung.

Natürlich habe ich auch in diesem Buch keine Erklärung gefunden. Wenn Gott Gott ist, lässt Er sich nicht erklären. Wenn Er sich erklären ließe, brauchte ich Ihn nicht – nicht als „Gott" in meinem Leben.

Aber heute Nacht ging es mir plötzlich auf. Ich dachte: „Da machst du eine Lebenskrise aus deinem Verhältnis zu Ihm, liest dicke Bücher, um die Antwort zu finden, und Er bietet dir die Lösung an." Wie? Da musste Er sich ja einmal Seinen Jüngern zeigen, nach der Auferstehung, und die erkannten Ihn natürlich nicht. Das heißt, sie erkannten Ihn wohl, aber es war zu viel für sie. Sie verstanden nicht, was vor ihren Augen passierte, und Er wusste offensichtlich auch nicht, wie Er sich erklären sollte, und dann sagte Er: „Habt ihr etwas zu essen da?" Und sie reichten Ihm ein Stück gekochten Fisch, das Er in ihrer Gegenwart aß. Keine Erklärung. Keine Rede. Keine Traktate. Er muss vor sich hin gelacht haben. Ein Stück gekochten Fisch. Das verstanden sie. So hat Er es weitergeführt: Brot und Wein.

Warum versuche ich verzweifelt, Ihn über Ihn hinaus zu verstehen?

„Habt ihr etwas zu essen?"

Normaler geht es nicht.

Eine Brückenbauerin
von Mervyn Lobo

Wie ich Dr. Pfau kennenlernte? Ich war zu einer Zeit Regierungsangstellter in der Provinz Sindh, als es einen gefährlichen Konflikt zwischen den Vertretern der Zentralregierung in Karachi und Sindh gab. Als Nichteinheimischer geriet ich in diese Schwierigkeiten und einheimische Freunde rieten mir dringend, nach Karachi zurückzukehren. Wer unaufgefordert zurückgeht, verliert in unserem System aber automatisch seine höhere Position, und Kollegen, die jünger waren als ich, wurden befördert. Ich schaute mich also nach einem neuen Job um. Ich hatte am MALC zunächst nur eine Teilzeitstelle, abends. Vorher hatte ich, ehrlich gesagt, von dieser Institution nie etwas gehört. Ich war damals jemand, der immer unterwegs war und gerne ausging. Irgendwann kam am Abend jemand vorbei, stellte sich vor: „Ruth Pfau." Ich sagte: „Erfreut, Mervyn Lobo." Und arbeitete weiter. Ich kannte sie nicht.

Dann kam ich kurze Zeit später darauf, dass irgendetwas mit den Belegen nicht in Ordnung war. Ich sagte meinem Chef, dass die Rechnungen nicht stimmten. Der sagte mir: „Das können Sie nicht einfach so sagen, das sind erfahrene Außendienstmitarbeiter. Dr. Pfau wird es nicht mögen, dass jemand die Integrität der Leute anzweifelt, die vor Ort sind." Als ich darauf bestand: „Da ist aber etwas falsch", stritt der Chef nicht weiter mit mir, sondern sagte: „Reden Sie selber mit Dr. Pfau." Ich ging also zu ihr und sagte: „Da ist was faul an den Rechnungen". Sie schaut mich an und sagte: „Wie lange sind Sie schon da?" Ich sagte: „Noch nicht lange." „Wie können Sie dann behaupten, dass da etwas nicht stimmt?" Ich darauf: „Dafür brauche ich nicht lange hier gewesen zu sein, so offensichtlich ist das." Sie: „Können Sie das beweisen?" Ich: „Natürlich." Als sie das nächste Mal in die Außenstation aufbrach, bestand sie darauf: „Mr. Lobo soll mich begleiten."

So habe ich sie also kennengelernt. Als ich in den Außendienst mitging – das war 1993 in Azad Kashmir und ich war 31 –, hatte ich bis dahin immer in der Großstadt gelebt. Berge, steile Höhenwege, und alles zu Fuß – das war nicht meine Welt. Ich war daher fest entschlossen: Sobald ich zurück bin, kündige ich. Das war nicht nicht mein „cup of tea". Und ich sagte das Dr. Pfau auch, als wir wieder unten im Tal waren: „Ich kann nicht in den Provinzen arbeiten, ich suche mir was Neues, sobald wir zurück sind." Sie sagte nur: „Ok. Wir werden sehen." Und als wir zurück waren, nahm sie mich auf eine andere Tour mit, dann auf noch eine Reise und schließlich auf die nächste. Sie gab mir überhaupt keine Zeit, darüber nachzudenken. So fing es also mit mir und Dr. Pfau an. Offensichtlich hatte sie damals schon Vertrauen in mich.

Ob diese Institution einen bestimmten „spirit" hat oder ausstrahlt? Darüber habe ich mir zunächst gar keine Gedanken gemacht, es ging um ganz konkrete Aufgaben. Später war ich dann mit ihr im Außendienst in den Provinzen unterwegs. Auch da ging es morgens um sieben Uhr los, durchgehend bis 23, 24 Uhr in der Nacht. Erste Station war Quetta, Baluchistan. Wir hatten nur einen Raum, in dem sich auch die Toiletten befanden. Fünf Tage haben wir hier gearbeitet. Dann ging es weiter in die nächste Provinz. Als sie ein Flugticket für uns alle buchen wollte, baten wir sie nur: „Lassen Sie uns mit dem Zug fahren." Wir wollten etwas ausruhen können. Sie flog also voraus und holte uns am Bahnhof ab: „Beeilt euch, es gibt viel zu tun!" Und so ging es ungefähr 25 Tage weiter, nonstop. Damals, 1993, war sie schon über 60!

Einmal haben wir nach Mitternacht, gegen ein Uhr, aufgehört zu arbeiten und uns erschöpft niedergelegt. Eine Viertelstunde später: Leises Klopfen an der Tür, und ihre Stimme: „Mr. Lobo. Wir können schon um drei Uhr aufbrechen und den Bus nehmen." „Ja", sagte ich. Ein Nein war unmöglich. Ich hatte keinen Wecker, auch kein Handy. An Einschlafen war nicht mehr zu denken.

Es hat ein Jahr gedauert, bis ich das Gefühl hatte, dass Dr. Pfau mich verstanden hat. Aber erst vor zwei, drei Jahren hat sie mir dazu etwas gesagt: Sie erinnerte mich an eine unserer Touren in den Norden, nach Azad Kashmir. Wir waren damals mit einem öffentlichen Bus unterwegs, als ein Erdrutsch uns aufhielt. Die Erde bewegte sich noch. Wir mussten durch Wasser, das knietief war. Ich trug Dr. Pfau also auf die andere Seite. Dann machte ich noch drei- oder viermal den Weg, um das Gepäck nachzuholen und buchte uns eine Unterkunft in einem kleinen und ziemlich primitiven „Hotel", wo sie ihr Buch öffnete und zu lesen begann, denn es hatte angefangen zu regnen. Ich machte mich dann auf den Weg zum nächsten Telefon, das ungefähr zehn Kilometer entfernt war, oben im Gebirge. Von dort aus habe ich in unserer nächstgelegenen Außenstation angerufen und veranlasst, dass uns jemand abholte. Um fünf Uhr früh waren wir aufgebrochen. Gegen drei Uhr kam der Fahrer, um uns abzuholen. Sie sagte mir jetzt: „Als Sie mich damals über den Fluss gebracht haben, da wusste ich: Dieser Mann wird bei uns bleiben." Ich sagte: „Sie haben mich also fünf Jahre lang auf die Probe gestellt!" Ich verstehe es jetzt: Sie würde keinem das Programm überantworten, den sie nicht genau kennt.

Wie mein eigener Führungsstil ist? Natürlich ist er von ihr geprägt. Ich war auf einem Workshop für „senior paramedics". Alle fragten Dr. Pfau, als ein bestimmtes Problem auftauchte: „Was würden *Sie* denn tun?" Ihre Gegenfrage: „Was werdet ihr tun, wenn ich nicht mehr da bin?" Die Antwort: „Ganz einfach, wir werden fragen, was hätte Dr. Pfau getan? Und das werden wir dann tun." Das ist es.

Ich selber habe gesehen, wie sie arbeitet. Was sie getan hat, ist nicht mit uns zu vergleichen. Was sie tut, ist jenseits des Normalen. Sie ist eine christliche Nonne und sie opfert sich auf in ihrer Arbeit. Sie lebt ganz einfach, ohne große Ansprüche. Materielles ist ihr nicht wichtig. Und das färbt ab: Als es einmal darum ging, ob unsere Angestellten Drehstühle kriegen sollten, war allen klar: Dr. Pfau hat das nicht, warum sollten wir die kriegen?

Sie ist unser „role model", unser Vorbild. Die Art, wie sie arbeitet! Aber ich habe inzwischen auch die Angst, dass sie über ihre Grenzen hinausgeht. Natürlich versuchen wir, ihr heute den Alltag im Alter so gut wie möglich zu gestalten. Und wenn Sie sich darüber beschwert, sage ich nur: „Es geht mir nicht um Sie, sondern um das Programm. Je länger Sie leben, desto besser für uns. Wir sind da nur eigennützig." Wir müssen uns eben, wie oft, in der Mitte treffen: Sie mit ihrem Gefühl, dass wir ihr zu nichts verpflichtet sind. Und wir mit unserem sicheren Gefühl, dass wir ihr natürlich verpflichtet sind.

Ehrlich gesagt, ich habe nie die Position eines CEO angestrebt. Wenn man sich seiner Verantwortung bewusst ist, dann hat man nicht die Position im Kopf. Unsere Arbeit spielt sich draußen ab. Und ich bin einer des Teams und kann nicht von meinem Stuhl aus Anordnungen geben. Es geht nicht drum zu sagen: Tut ihr dies oder das. Sondern: Lasst uns das anpacken. Das hat Dr. Pfau so gemacht, und das ist auch mein Zugang. Das MALC ist keine Organisation, wo man viel öffentliches Ansehen erringen kann.

Wie es weitergeht? Wenn ich mir die Situation unseres Landes ansehe: Herausforderungen, wohin ich auch schaue. Es gibt inzwischen Orte in unserem Programm, wo nicht einmal ich hingehen kann, weil es zu gefährlich ist. Aber auch wenn ich dort keine Supervision mache, die Arbeit dort kann weitergehen, weil wir Mitarbeiter haben, die selber aus diesen gefährlichen Regionen kommen und denen wir vertrauen können. In unserem Land gibt es nicht so viele Institutionen, die einen ähnlich guten Ruf haben wie das MALC. Die Glaubwürdigkeit macht uns stark. Wenn irgendwo dringend etwas gebraucht wird im Land und es Hilfsmöglichkeiten gibt, d. h. Menschen, die uns unterstützen, können wir die Brücke sein zwischen den Spendern und diesen Menschen in Not, die Hilfe brauchen.

Im Moment stehen wir vor einer großen Herausforderung. Wenn es um die Zukunft des MALC und um die Einwerbung von Mitteln für unsere Arbeit, die Sicherung der Finanzierung geht, dann hat unsere Fundraising-Gruppe einen unternehmerischen Blick. Und Dr. Pfau einen sozialen Blick. Unternehmer brauchen eine Krawatte, ein großes Auto und ein repräsentatives Büro. Ich erinnere mich an ein Treffen mit einem offiziellen Regierungsvertreter. Ich hatte keine Krawatte. Schon am Eingang des Gebäudes wurde ich von einer Person aufgehalten, man überpüfte meine Identität, wollte alles Mögliche wissen – mit dem Resultat, dass die Person, zu der ich wollte, angeblich nicht zu sprechen war.

Einen Monat später kam ich in feinem Tuch, mit Krawatte. Die gleiche Person am Eingang grüßte ehrerbietig, trat zur Seite und ließ mich durch. Die pakistanische Kultur nimmt zunächst wahr, wie du auftrittst. Nicht in erster Linie wer du bist. Und die Balance hinzukriegen ist nicht einfach. Leider ist es so in Pakistan: Wir sind Fremde in unserer eigenen Kultur. Aber es hat uns auch Respekt verschafft, dass wir anders sind.

Dr. Pfau gibt alles und verlangt auch viel. Und sie hinterfragt meine Entscheidungen immer noch. Seit 1992 kommt sie, wenn sie in Karachi ist und nicht im Außendienst, jeden Morgen, um Viertel vor Acht in mein Büro, setzt sich mit mir zusammen und diskutiert. Wenn wir in manchen Dingen unterschiedlicher Meinung sind, tragen wir das nicht vor den anderen aus. Ich glaube, wir ergänzen uns gut, auch wenn wir gegensätzliche Sichtweisen haben. Auch wenn sie mich immer wieder hinterfragt, wenn sie mich darauf hinweist, ich sei zu aggressiv – sie fragt dann nur: „Was machen ihre Zuckerwerte?" Ich konnte mit ihr auch ganz offen diskutieren, ja sogar streiten, ohne dass das ungut geworden wäre. Normalerweise kann in Pakistan niemand mit seinem Vorgesetzten streiten. Ich wusste, sie würde sich nie rächen. Sie hat mich zu eigenen wichtigen Entscheidungen geführt.

Die meisten unserer Mitarbeiter sind ganz einfache Leute, aber sie hat etwas Außergewöhnliches aus diesem Team geformt. Wir haben auch sehr riskante Dinge, gerade in Menschenrechtsfragen, gemacht. Wir haben es gewagt, einfach weil sie gesagt hat: „Können Sie mir helfen? Lass es uns tun."

Ich bin sicher nicht übertrieben fromm. Aber wenn ich an all die kritischen Situationen denke, die wir im MALC durchgemacht haben, bin ich überzeugt: Da oben ist einer, der seine schützende Hand über das Programm hält. Auch wenn wir immer wieder Schwierigkeiten mit der Finanzierung hatten – am Ende des Jahres hat es immer noch irgendwie geklappt. Wenn man wirklich überzeugt ist, wird man immer seinen Weg finden.

In ihrer Ernsthaftigkeit und ihrer Offenheit ist sie uns Vorbild, und darin folgen wir ihr. Damit haben wir alle Schwierigkeiten und Probleme immer in Herausforderungen verwandelt. Probleme blockieren, Herausforderungen kann man meistern. Eine ihrer Herausforderungen ist sicher die Übergabe. Schon mit 65 hat sie das eingeleitet. Sie ist eine Institution. Und Institutionen gehen nicht in den Ruhestand. Sie können vielleicht mit anderen Institutionen verschmelzen. Was wir tun können: Von ihr soviel an Wissen und Erfahrung wie nur möglich zu bekommen. Das geht nicht auf einmal oder plötzlich, es ist ein Prozess. Ein Prozess dauert, geht weiter. Auch wenn sie 84 ist – sie ist doch geistig im Vollbesitz ihrer Kräfte und ihrer Fähigkeiten.

Noch heute hat sie gern das Heft in der Hand und sagt, wo es langgeht. Und noch heute, wenn sie mit dem Auto unterwegs ist, sitzt sie nicht hinten, sondern vorne, neben dem Fahrer. Was eine Frau hier in Pakistan nicht tut. Sie zieht sich ganz allmählich zurück. Aber immer, wenn sie etwas beiträgt, was die Zukunft oder die Entwicklung des Programms angeht – da ist sie wirklich gut. Und wenn sie einen nur anschaut in bestimmten Situationen, weiß man, was sie will. Auch wenn es um kontroverse Frage geht, ist ihre Art, dass sie verschiedene Optionen aufzeigt. Sie drängt nichts auf und sie lässt uns die Freiheit, zu entscheiden.

Aber klar ist auch: Für das, was sie früher allein gemacht hat, brauchen wir jetzt 15 oder 20 Leute. Natürlich gab es auch früher Teamarbeit. Aber heute brauchen wir das Team auf der Führungsebene. Das MALC ist heute eine komplexe Organisation Wenn ich selber morgen ausfalle, muss die Arbeit weitergehen können. Ich habe die Leitung vor über einem Jahr übernommen, aber ich glaube, wir sind jetzt schon so weit. Zum Glück kenne ich die Lage im ganzen Land. Es ist natürlich ein einsamer Job, den ich mache. Macht kann man teilen. Verantwortung lässt sich nicht teilen.

Die Art, in der Ruth Pfau mit Menschen umgeht, kann man als Intelligenz des Herzens bezeichnen. Es gab einmal in einer Provinz den Fall einer Unregelmäßigkeit, mit der wir den dafür Verantwortlichen konfrontiert haben. Der sah es ein, aber sagte auch: „Die Schande bricht mir das Herz." Dr. Pfau erwiderte: „Nein, die Zeit wird die Wunde heilen. Aber es wird eine Narbe bleiben, und sie wird dich daran erinnern, dass du etwas getan hast, was nicht recht war." Auch das gehört zu ihren Prinzipien: Die Person nicht mit dem zu verwechseln oder zu identifizieren, was sie getan hat.

Es ist nicht einfach, mit ihr zu arbeiten. Über Jahre hinweg hat sie mir immer, und zwar täglich, den Spiegel vorgehalten: Was ich falsch gemacht habe, wen ich ungerecht behandelt habe, zu wem ich aggressiv war. Das kostet auch Kraft, und es braucht Geduld. Aber auf Dauer macht es stark. Und im Kontakt mit ihr habe ich Geduld gelernt. Das ist mühsam, aber es geht inzwischen schon besser. Und ich bin auch besser geworden im Anpacken von Problemen. Sie lehrt uns alle, immer noch. Sie ist eine wirklich erstaunliche Frau.

Natürlich gibt es auch für Dr. Pfau Dinge, die sie in Pakistan nicht versteht und die sie nie verstehen wird, auch wenn sie noch so lange hier lebt. Sie weiß das auch. Aber was ihr Leben bedeutend macht, ist – neben vielem anderen – auch, dass sie kulturelle Brücken zwischen dem Westen und dem Osten geschlagen hat, dass sie zum gegenseitigen Verstehen so viel beigetragen hat und immer noch beiträgt. Ihr Impuls wird weiter wirken.

Wenn ich die Arbeit von MALC heute in den Zusammenhang der Situation in Pakistan stelle, dann ist unser Programm zweifellos ein Symbol des Friedens. Wir sind eine Organisation, die schwierige Zeiten überstanden hat und die immer für die an den Rand Gedrängten da war. Gleichgültig geblieben sind wir nie. Wo wir auf soziale Ungerechtigkeit stießen, haben wir reagiert und etwas getan. Wir prahlen nicht damit, etwas Großartiges zu machen, das ist nicht MALC. Wir sind eine kleine Insel, wo sich Gleichgesinnte treffen, um etwas zu diesem Projekt beizutragen, das uns allen so am Herzen liegt. Meine Idee und Vision ist es, MALC innerlich wachsen zu sehen, aus dem Geist des Mitgefühls an unserer Umgebung genauso Anteil zu nehmen wie unsere Gründungsmitglieder, und zu versuchen, mit unserer Arbeit wirklich etwas zu verändern. Denn das nicht zu versuchen, wäre Sünde.

Dank

Als Ruth Pfau mich bat, sie bei diesem Buch zu unterstützen, war mein Vorschlag, es bei ihrem nächsten Deutschlandaufenthalt zu machen, zurückgezogen in einem ruhigen Kloster im Schwarzwald. Ihre Antwort: „Die Liobaschwestern. Ein Traum. Aber das Leben ist anders. Wenigstens für 80 Prozent der Weltbevölkerung. Und deshalb würde ich das Buch gern hier machen, und ich bin mir sicher, es wird wesentlicher." Also Karachi. Dieser Karachiaufenthalt war dann eine Erfahrung, die tatsächlich den Blick auf das Leben verändern kann: zu erleben und zu realisieren, dass all das nicht irgendwann und irgendwo, sondern heute, gleichzeitig mit unserer Wirklichkeit existiert.

Mein Dank gilt Dr. Pfau, die sich in diesem heißen September über zehn Tage Zeit für Gespräche genommen hat, meist bis in den Abend hinein. Aber auch dem wunderbaren Team des Marie Adelaide Leprosy Centre (MALC), insbesondere Mervyn Lobo, Dr. Pfaus Nachfolger und spiritus rector des Projekts, einem perfekten Gastgeber, nicht zuletzt dafür, dass er zugestimmt hat, hier quasi als Nachwort abzudrucken, was er im Gespräch über seine Erfahrung mit Dr. Pfau erzählt hat. Dank auch Sr. Almas, einer ganz ungewöhnlichen Nonne, Dr. Jalal, einem Arzt, dessen Idealismus überspringt, Mr. Iqbal, der mit gleichbleibender Liebenswürdigkeit Computer und Aufnahmegeräte am Funktionieren hielt, Mr. Francis, der alles perfekt organisierte und dem Team um Dr. Shahid und Sr. Margret, die ich bei den Krankenbesuchen in Malir begleiten durfte. Und allen anderen. Dank auch an Rupert Neudeck und Hans Kutnewsky, die mich im Vorfeld des Projekts ermuntert haben. Und ganz besonders an Claudia Villani aus Wien für die inspirierende Begleitung und das Mitlesen des Manuskripts.

9. Dezember 2013 *Rudolf Walter*